守護霊霊言

習近平の弁明

中国発・新型コロナウィルス蔓延に苦悩する指導者の本心

大川隆法
RYUHO OKAWA

まえがき

昨年の十二月十七日、さいたまスーパーアリーナで開催された「エル・カンターレ祭」において、私は中国発の世界不況が起きること。そして、対策を間違えば、日本の地銀の九割が危ないこと、などを述べた。

そして今年の年初には、一見自然災害に見える、中国包囲網的事態が起き、経済パニックも起きることを予言した。

三月現在、事態はそのように進んでいる。『共産党ウィルス』は、別の意味で『全体主義ウィルス』でもあり、国家による情報統制と、言論の不自由、間違った国家運営の常態化しているところで、新型コロナウィルス感染の蔓延《まんえん》も起きている。本件に関するエビデンス（証拠）を集めてみたが、事態を楽観することはできない。

天意を感じとって、「信仰ワクチン」を増産することが、正攻法だと感じている。

二〇二〇年　三月三日

幸福《こうふく》の科学《かがく》グループ創始者兼総裁《そうししゃけんそうさい》　大川隆法《おおかわりゅうほう》

守護霊霊言　習近平の弁明　目次

第1章　習近平守護霊《しゅうきんぺいしゅごれい》の霊言《れいげん》

――習近平の弁明《べんめい》――

二〇二〇年二月二十六日　収録
幸福の科学　特別説法堂《せっぽうどう》にて

第2章　習近平守護霊の霊言

——事前霊言——

二〇二〇年二月二十六日　収録
幸福の科学　特別説法堂にて

第3章　エンゲルスの霊言

二〇二〇年二月二十六日　収録
幸福の科学 特別説法堂にて

第4章　周恩来《しゅうおんらい》の霊言

二〇二〇年二月十一日　収録
幸福の科学 特別説法堂にて

第5章　R・A・ゴールのメッセージ

――UFOリーディング㊺――

二〇二〇年二月十七日　収録
幸福の科学 特別説法堂にて

2

「日本よ、国家たれ」

3 宇宙的正義を打ち立てる　339

「霊言現象《れいげんげんしょう》」とは、あの世の霊存在の言葉を語り下ろす現象のことをいう。これは高度な悟《さと》りを開いた者に特有のものであり、「霊媒現象《れいばいげんしょう》」（トランス状態になって意識を失い、霊が一方的にしゃべる現象）とは異なる。外国人霊の霊言の場合には、霊言現象を行う者の言語中枢《ちゅうすう》から、必要な言葉を選び出し、日本語で語ることも可能である。

また、人間の魂《たましい》は原則として六人のグループからなり、あの世に残っている「魂のきょうだい」の一人が守護霊《しゅごれい》を務めている。つまり、守護霊は、実は自分自身の魂の一部である。したがって、「守護霊の霊言」とは、いわば本人の潜在《せんざい》意識にアクセスしたものであり、その内容は、その人が潜在意識で考えていること（本心）と考えてよい。

なお、「霊言」は、あくまでも霊人《れいじん》の意見であり、幸福の科学グループとしての見解と矛盾《むじゅん》する内容を含《ふく》む場合がある点、付記しておきたい。

第1章

習近平守護霊《しゅうきんぺいしゅごれい》の霊言《れいげん》

――習近平の弁明《べんめい》――

二〇二〇年二月二十六日　収録

幸福の科学　特別説法堂《せっぽうどう》にて

習近平《しゅうきんぺい》（一九五三〜）

中華《ちゅうか》人民共和国の政治家。いわゆる太子《たいし》党（党高級幹部の子弟《してい》グループ）の一人。福建《ふっけん》省長、上海《シャンハイ》市党委員会書記、党中央政治局常務委員等を経《へ》て、二〇〇八年に国家副主席に就任。二〇一二年、胡錦濤《こきんとう》の後継《こうけい》として、党総書記、中央軍事委員会主席の座に就《つ》く。二〇一三年、全国人民代表大会で国家主席、国家中央軍事委員会主席に就任した。

質問者

藤井幹久《ふじいもとひさ》（幸福の科学理事 兼《けん》 宗務《しゅうむ》本部特命担当国際政治局長）

市川和博《いちかわかずひろ》（幸福の科学専務理事 兼 国際本部長）

及川幸久《おいかわゆきひさ》（幸福実現党外務局長）

大川紫央《おおかわしお》（幸福の科学総裁補佐《ほさ》）

［質問順。役職は収録時点のもの］

1　中国発・新型コロナウィルスの問題について、習近平《しゅうきんぺい》国家主席の守護霊《しゅごれい》に意見を訊《き》く

真夜中に現れた二人の霊

大川隆法　今日は、習近平《しゅうきんぺい》氏の守護霊霊言《しゅごれいれいげん》を中心に話を聞こうかと思っています。

実は、今日の真夜中過ぎ、十二時台のことですが、すでに就寝《しゅうしん》行動に移っていたものの、眠《ねむ》れないので、「これは何か来ているのかな」ということで調べてみたのです。

普段《ふだん》は身近な人の生霊《いきりょう》などが多いのですが、このときに出てきたのは習近平氏の守護霊とエンゲルスでした（本書第2章、第3章参照）。エンゲルスは生前、マルクスの協力者であり、マルクスの死後に彼の本をたくさん出し、共産主義を広げた方です。そのエンゲルスが出てきたわけですが、今●、その魂《たましい》のきょうだい（別の個性

●今、その魂のきょうだい……　『現代の貧困をどう解決すべきか　トマ・ピケティの守護霊を直撃する』（幸福の科学出版刊）参照。

を持った自分の魂の一部）と思われる人がフランスにトマ・ピケティとして生まれ、『21世紀の資本』等、新しい共産主義のようなものを説いています。

この二人が出てきたのは夜中のことで、やや不意打ちに近かったこともあり、十分に話をすることができませんでした。非常に微妙《びみょう》な国際問題、国家間問題等も含《ふく》んでいるので、場合によっては細《こま》かい言葉遣《づか》い等で何か混乱やいさかいのもとになるといけないと思い、習近平氏の守護霊についても、もう一回、言いたいことを整理していただき、質問者からも訊《き》いてもらうことにしました。

新型コロナウィルスに対する「習近平の弁明《べんめい》」

大川隆法　「今回は何をしに来たのかな」と思いましたが、いちおう弁明《べんめい》に来たようで、「習近平の弁明」という感じを受けました。二人で二十数分だったので、それぞれ十分程度しか収録しておらず、ほんの少しではありますけれども、やはり今、世界中から責められているような感じを受

『中国発・新型コロナウィルス感染 霊査』
（幸福の科学出版刊）

けているのではないかと思います。

特に、「情報公開が十分にできず、伝達が十分にできず、判断が遅《おそ》くて、二カ月ぐらい放置していたのではないか」という疑いがあって、「習近平指導体制自体に問題がある」という突《つ》き上げが内部からも起きていますし、外国からも起き始めているのではないでしょうか。

今朝《けさ》の新聞の広告を見ても、日本の保守系の雑誌である「Ｗ・ｉ・Ｌ・Ｌ《ウィル》」や「月刊Ｈａｎａｄａ《ハナダ》」等では、共に武漢《ぶかん》市にあるウィルス研究所の問題を取り上げているようですし、「習近平の体制自体が、悪性の新型コロナウィルスの発生と蔓延《まんえん》と、肺炎《はいえん》を広げて、世界に迷惑《めいわく》を及《およ》ぼしている」というようなラインナップになっていて、ほとんど、幸福の科学から出した『中国発・新型コロナウィルス感染 霊査《れいさ》』の延長上でお書きになっているように感じられました。

そういう意味で、世界から責められ始めるのだなと思います。

中国では全人代《ぜんじんだい》が延期になりましたが、日本国内でもいろいろなものが中止や延期に追い込《こ》まれています。

●全人代　「全国人民代表大会」の略。中国の国家権力の最高機関であり、各地方や軍の代表で構成される。年１回、開催され、法律の制定や国家予算の審議などを行う。

例えば、マラソン大会に一般《いっぱん》の人は参加できないように決めたり、多くの祭りが中止になったりしています。また、大相撲《おおずもう》でも、「観客を入れずに、相撲取りが土俵《どひょう》の上で取って、中継《ちゅうけい》だけするか、それともやめてしまうか」というような話になっています。

支持率が低迷《ていめい》する安倍《あべ》政権

大川隆法　安倍《あべ》政権も、例の「桜を見る会」の接待疑惑、買収疑惑を野党に追及《ついきゅう》されているため、なかなか厳しい状況《じょうきょう》です。

昨年、人気が低いであろうに消費税を十パーセントに上げたあと、これから景気浮揚《ふよう》を図《はか》るつもりだったのでしょう。おそらく、天皇皇后のパレードや、中国からの大量の観光客、さらに、習近平氏を国賓《こくひん》でお迎《むか》えして日中の経済交流をもっと高め、あるいはオリンピック等を経由して、今年の景気をよいほうに持っていこうと考えておられたのだろうとは思うのですが、今のところ、その目論見《もくろみ》が当たらない感じになっています。今回のウィルス対応については、日本のほうも責められ始めてい

●**大相撲でも**……　2020年3月1日、日本相撲協会は、同月8日から始まる大相撲春場所を無観客で開催すると決定した。

ますけれども、ここには、同時に「景気の問題」も入っているだろうとは思うのです。

そして、安倍政権の支持率と不支持率が引っ繰《く》り返り、不支持率がだいぶ大きくなってきたので、こちらもけっこう厳しいところでしょう。

習近平氏のほうも、今朝、守護霊と話した感じでは、「最大の危機」を迎えているようではあります。

また、日本の保守言論人たち、安倍首相を支持している人々にも、習近平氏の国賓待遇《たいぐう》での接遇を反対している人は多いので、「こんなコロナウィルス感染などが出てきたら、余計入れるべきではない」という感じも出てきているようです。

そのようなわけで、今年は、二国間関係も国際的な問題も、多難の幕開けにもなるのではないでしょうか。

占《うらな》い師であれば、これがどちらへ転ぶかというのが非常に大事なことであろうとは思います。ただ、「考え方を見て、筋《すじ》を読んで、対応をどうするかを練る」のも一つの知恵《ちえ》かと思っています。

本来、安倍首相や天皇陛下《へいか》がお会いになってお話しする方なのでしょうから、夜中に私のところで、もう半《なか》ば寝《ね》ながら相手をしたので、失礼もあったかもしれません。今日は明け方まで、習近平氏の守護霊とエンゲルスとが〝添《そ》い寝〟をしている状態であったので、私も何時間も寝られない状態ではあったのですが、向こうにとっては大変なことなのでしょう。

習近平国家主席の守護霊を招霊《しょうれい》する

大川隆法　では、とりあえずお呼びしましょう。

考え方として何か言い足りていないか、何か言葉遣い等で間違《まちが》いがあったりしないかどうか、あるいは、今の日本の置かれている環境《かんきょう》から見て、習近平氏とストレートに話をするとしたら、どんなことを訊《き》くのか。

私たちのところでコロナウィルスの本を出した責任もありますので、このあたりのことについて、多くのマスコミに代わり、政府に代わり、皇室に代わって、前哨《ぜんしょう》戦として、考え方の筋を読んでみたいと思います。

やはり、いろいろと影響《えいきょう》はしているようです。昨年末のエル・カンターレ祭で、

●昨年末のエル・カンターレ祭　2019年12月17日、埼玉《さいたま》県・さいたまスーパーアリーナで開催された「エル・カンターレ祭」において、法話「新しき繁栄の時代へ」が説かれた。『新しき繁栄の時代へ』（幸福の科学出版刊）所収。

「地方銀行が危ない。対策をとらなければ、中国発の不況から九割ぐらい潰《つぶ》れるかもしれない」というようなことを言ったら、今年一月に、金融《きんゆう》庁長官が、地方銀行のトップを集めて檄《げき》を飛ばしたようであります。「もっと頭を使って、儲《もう》かる方法を考えて働くように」といったことを話したようなのです。

当会からの発信として、講演会を行い、それを本（『新しき繁栄《はんえい》の時代へ』）にして出すとともに、「ザ・リバティ」（二〇二〇年三月号）でも記事を出したので、その三つの影響かもしれませんが、金融庁長官が地方銀行の頭取等を集めて「潰れるな」という檄を飛ばしているように、私たちが言っていることは政府筋にも影響は与《あた》えているものだと思います。

これから中国との関係をどうするか。三月、四月と、いよいよ険しくなってくることもあるでしょうから、今日は、国民、あるいはマスコミ、政府等も含め、ある意味で、考える材料を採取することも大事かと考えます。

『新しき繁栄の時代へ』（幸福の科学出版刊）

月刊「ザ・リバティ」（2020年３月号、幸福の科学出版刊）

向こうとしては、ああいう国柄《くにがら》なので、自分たちの責任を認めることは、歴史上、めったにないことですが、今回のコロナウィルスに関しては、若干《じゃっかん》、引き気味であるかもしれません。「丸ごと中国のせいにされるのではないか」というようなところを、少し引きながら、小さくしようとしている感じに見えてはいます。

それでは呼んでみます。

習近平・中国国家主席の守護霊をお呼びいたしまして、今、問題になっております中国発の新型コロナウィルス感染問題、肺炎等での死者が出ている問題について、政治や宗教、その他いろいろな面からご意見がありましたら、お伺《うかが》いしたいと思います。

（約十秒間の沈黙《ちんもく》）

2　新型コロナウィルス感染問題で困っている中国

「非公式ルート」で日本に意見を伝えに来た守護霊

習近平守護霊　（息を吸う）はあっ……（息を吐《は》く）、うーん。

藤井　こんにちは。習近平国家主席の守護霊ということで、よろしいですか。

習近平守護霊　うーん。何だか、よく来て、●何冊も本を出させたりして、なんか、少し迷惑《めいわく》かけてるかもしらんなあ。

藤井　昨夜に少し来られていたということですが、今、正式にお伺《うかが》いしたいと思っております。今日は、「習近平守護霊の弁明《べんめい》」という趣旨《しゅし》ですので。

●何冊も本を……　習近平国家主席の守護霊霊言を収録した書籍としては、これまでに『自由のために、戦うべきは今―習近平 vs. アグネス・チョウ 守護霊霊言―』『習近平守護霊　ウイグル弾圧を語る』（共に幸福の科学出版刊）等、計５冊を発刊している。

習近平守護霊　アッハ（笑）。「弁明」っていうほどのものではないんだけど、日本国民にも、ちょっと、何か意見を届けなきゃいけないのかなあと。中国にはそういうシステムがないんで、国家主席の言葉を日本国民に直接伝えるシステムが、今、ないもんだから、まあ、「非公式ルート」として君らのルートから、ちょっとは私の考えとか思いを伝えることができればなあと。

そして、日本のほうの対応に斟酌《しんしゃく》してもらえたらよいかなあと、まあ、そういうふうに思っとる。

藤井　ありがとうございます。

幸福の科学では、『中国発・新型コロナウィルス感染　霊査《れいさ》』という本も出しているのですが、今、全世界の注目の的《まと》がこのコロナウィルスの問題ということで、おそらく、習近平主席もこのことをお考えかと思います。現在、どんなことを考えていらっしゃいますか。

習近平守護霊　うーん、ちょっとミスがあったみたいなんで。いや、日本の保守系の雑誌にも取り上げられて、まあ、バレてしまってるからしょうがないけど、武漢《ぶかん》市に、そういう細菌《さいきん》やウィルスの研究をやっている研究所があることは事実で、ええ。

まあ……、公式には認めがたいけれども、非公式には、「おそらくは、研究所の研究していたコロナウィルスが出てしまったんでないか」とは、今、心証《しんしょう》としては持っておるんだけれども、これを中国側が正式に表明して発表することはありえないので、まあ、ないと思いますから。

私のほうから、「あったかもしれない」ということだけは、良心に誓《ちか》って、もしかしたら、そういうことがあったかもしれない。しかし、あったかもしれないけど、公式には認めやしないので、いくら言われても、それは「事故」というか、「自然のなす業《わざ》である」という、「海鮮市場《かいせんいちば》で何か発生したんだろう」ということで押《お》し通すことにはなると思う。

まあ、ここんところは蓋《ふた》をするつもりだけれども、ただ、その「対策等が手ぬるいか、遅《おそ》いか」ということについては責められてはいるので、これについては、隠《かく》し切れない部分はちょっとあるかなと。そこまで大きくなるとは思っていなかったところはある。

藤井　今、武漢の研究所のことに言及《げんきゅう》されましたけれども、まさに、それは「生物兵器」という理解でよろしいですか。

習近平守護霊　だから、これは極秘事項《じこう》だからさあ。国家機密って、どこだってあるじゃないか。

だから、「日本が本当はどこまで、いろんなものを研究しているか」っていうような軍事機密はオープンにはしないわね。同じように、「中国がどこまで、何をやっているか」、それは、外国に全部オープンにして見せるようなわけにはいかんので。われわれは、北朝鮮やイランとは違《ちが》うからね。諸外国の査察を受けるようなことは、あってはならないんでね。

藤井　あと、今、中国が海外から「隔離《かくり》」されつつある状態にあると、昨日《きのう》、守護霊様がおっしゃっていたと思うのですけれども（本書第2章参照）。

習近平守護霊　そう……。まあ、「隔離」という言い方はあんまり好ましい考えではないけれどもなあ。うーん、まあ、こう、全体に広がっていこうとしているやつを、今、ちょっと収縮されつつあることは事実だなあ。ああ。

王朝交代のときには疫病《えきびょう》が流行《はや》る？

藤井　今、問題になっていることの一つに、中国国内での情報公開のまずさというか……。

習近平守護霊　いや、それをやったら終わりになるじゃないか。

藤井　はい。そうは言っても、「体制崩壊《ほうかい》の危機」ではないですか。

習近平守護霊　いやあ、わしもよく分からないんだよ。「西洋型の民主主義」っていうけどさあ、情報公開っていうのは、「政府に都合《つごう》の悪いことを、結局、見せる」ということになるんだよな？　基本的にな？　人民に都合の悪いことを公開したところで、こちらはもっと指導できるだけだから、別に何も困ることはないから。困るのは、政府の不手際《ふてぎわ》が公開されることとは、まあ、困るわなあ。ああ。

藤井　最近の「フィナンシャル・タイムズ」の記事にも、「王朝交代のときには疫病《えきびょう》が流行《はや》ったりする」というような話が出ているんですけれども。

習近平守護霊　そういう迷信をなあ、外国紙が書いたらいかんだろ。英語紙なんか、そんなものは信じちゃいかんのだよ。もう、プラグマティックにやらなきゃいかん、プラグマティックにな。

藤井　日経新聞にも引用されて掲載《けいさい》されていました。

習近平守護霊　いや、日経新聞なんか、本当に古典を読んでいないんだから書くなよ。そんなものなあ。うーん。

藤井　そのあたりのことが、今、非常に注目を集めているのですけれども、この対応を誤ることによって、「中華《ちゅうか》人民共和国建国以来の危機になっているのではないか」というのが世界の評価だと思います。そのあたりについて、率直《そっちょく》に所感としてお伝えいただけるといいのかなと。

習近平守護霊　いや、国が大きいからねえ？　だから、動物もいっぱいいるわけよ。コウモリから発生する場合もあるし、豚《ぶた》から発生する場合もあるし、鳥から発生する場合もあるし。中国発のインフルエンザとかそんなのは、よく過去にも起きてはいるからね。だから、なかなか人知の及《およ》ばんところもあることはあるんだな。

まあ、研究は、いろいろやっていたりもすることもあるかもしらんけれども、なんせ姿が見えないもんだからねえ、どこかでそういうものが外側に漏《も》れ出していても、分からないことはあるからねえ。

だから、いや、中国のミスであるかどうかも分からないからね？　それは、もしかしたら、ほかに何か、西洋諸国が好きなトム・クルーズ張りの〝ミッション・インポッシブル〟をやっている連中がいるかもしらんからさあ、それはうちのせいとは限らないから。うん。

藤井　この三月に全人代《ぜんじんだい》を予定されていたのが、キャンセルになるというのは、これはもう本当に異例の事態です。

習近平守護霊　まあ、ちょっとこれは、そこまでは考えていなかったんだがなあ。武漢を封鎖《ふうさ》すれば、いちおう止まると思ったんだがな、これでなあ。

藤井　すでに北京《ペキン》にも押し寄せているということですか。

習近平守護霊　いや、これは、あんまり教えるわけにはいかない。それを見せたら、ちょっと、国民の信頼《しんらい》が失われるからなあ。

藤井　何かこれを乗り切る勝算というのはあるのでしょうか。

習近平守護霊　敵をこれで、こう、困らせるのは考えてはいたけど、自分らが困るのはあんまり考えてなかったのでなあ。うーん。

藤井　ウィルスだけでなく、今、経済のほうにも深刻な影響《えいきょう》が出つつあると思うのですが。

習近平守護霊　うーん。なあ、それは、うーん……。アメリカとかにこれが広がればなあ、アメリカは弱る、な。だから、「中国に貿易戦争を仕掛《しか》けて関税を課そうとした罰《ばち》が当たって、アメリカにこんなに病気が流行って不況《ふきょう》になったんだ」というなら、われわれは古典を引用して、それを、「王朝交代のときだ。トランプは再選されるべきでない」と言うことはできたわなあ。うん。

藤井　実際、中国国内でも、武漢の市長は、「市当局としては情報を出せなかったんだ」というようなことを言って、今、内部で責任を押しつけ合っている状況なのかと思うのですけれども。

習近平守護霊　殺されてないなら、まあ、それでも幸福だと思えよ。本来なら殺されているべきだ。

藤井　ただ、実際に、「共産党の体制がかなり揺《ゆ》らいでいる」ということではないですか。

習近平守護霊　いや、国が大きいんだって。（人口）十四億だから、日本の十倍。国土は二十五、六倍ある。なあ。大きいんだからさあ、〝恐竜《きょうりゅう》〟なんだよ。だから〝ネズミ〟が尻尾《しっぽ》にかじりついていてもさあ、脳まで来るのには三十分かかるんだよ、それは。だから、それはねえ、システムが悪いだけじゃなくて、単に大きいんだよなあ。うん。

国賓《こくひん》での来日は「イメージアップが狙《ねら》い」

藤井　大川隆法総裁が冒頭《ぼうとう》でおっしゃっていましたけれども、今、習近平主席が国賓《こくひん》として日本に来るという問題がクローズアップされているのですが。

習近平守護霊　いやあ、わし一人で来るわけにはいかんからなあ。それは、いっぱいついてくるからなあ、当然なあ。それは嫌《いや》だろうなあ。まあ、そこはちょっと問題だけど。安倍《あべ》さんは、一生懸命《いっしょうけんめい》、予定どおり進めるようなことを言っているけど、撤回《てっかい》になったら、失敗も失敗、もう認めたのと一緒《いっしょ》になるからなあ。「ギリギリまで」って言うんだろうけどなあ。

しかし、感染を全部調べてから、わしらを上陸させるかどうか決めるとかいうと、国賓待遇にしては、失礼に当たるは当たるわなあ。うん。

藤井　国家主席就任前のことで、民主党政権のときでしたが、天皇に強引《ごういん》に会見したことが、日本国内では大問題になりました。やはり、「天皇と会見する」ということに対し、政治的に非常に強い意志を持たれているのでしょうか。何か考えている狙《ねら》いなどがあるのでしょうか。

習近平守護霊　それは、イメージアップが狙いだから。両方マスクして会っているところが流れるなんて、あんまりかっこよくはないのは、そのとおりだわな。天皇陛下《へいか》もマスクをし、雅子妃《まさこひ》もマスク、わしもマスクをして、それで会談しているところが流れたら、世界に危険なことを教えているような感じだから、それはまずいけど。

ただ、中国国内でわしを医者が診断《しんだん》して、「感染していないからオッケーだ」と言っているというだけで、特別機で来て、そのままフリーパスでホテルに入って皇居へ行けるかというと、日本のほうは嫌がるは嫌がるだろうけど、「いったん、病院の医師を派遣《はけん》してホテルで診断してから」とか言われても失礼に当たるだろうから。まあ、そんなところはあるわなあ。うん。

「日本経済の中国依存《いぞん》」を強調する守護霊

藤井　今回は、昨夜、習近平主席の守護霊さんのほうから来られたということですが、日本に対して、あるいは世界に対してメッセージを発したいということでしょうか。これは、SOSになるのでしょうか。

習近平守護霊　いや、困ってはおるんだがなあ。ちょっと予想外。予想外。

まあ、安倍さんも困ってると思うけどなあ。いやあ、「天意」と言うんだったら、「消費税を上げたら急に中国が不況になって、日本も連鎖して不況になって、中国に進出しているところ、取引しているところは全部株価が下がる」っていうふうになったら、それは、「天命が安倍さんを替《か》えようとしている」ようにしか見えないわなあ。その前に、「私がどこまで頑張《がんば》れるか」っていう問題があるんだろうけどなあ。

本来は、三月ぐらいまでに終息させてしまえれば、元どおりに戻《もど》って、経済的影響も微々《びび》たるもの。一月はまだ平気でみんな来ていたからねえ。二月、三月だけの調整で済むからな。その分余計に、夏場、オリンピックあたりに人を送り込《こ》めば、景気の問題は多少薄《うす》められると思うけど。

まあ、日本も、いろいろ廃止《はいし》、中止、キャンセルが相次いどるから、どうなのか。ちょっと、なんか、日本も遅れて判断して、大げさな感じもするんだけどなあ。「小学校、中学校まで休校」「北海道、臨時休校、数日認める」とか、別に流行《はや》ってもいないのに、もう「休校にする」とか言って、ちょっと大げさな感じもするな。

藤井　一説には、「日本企業《きぎょう》が中国から撤退するチャンスではないか」ということも言われ始めているのですが。

習近平守護霊　でも、大損だよ。だって、設備投資してるんだから、日本の金でね。

藤井　そういうことについても、いろいろとおっしゃりたいことがあるのかなと。

習近平守護霊　日本の財産を置き去りにして帰っていって、中国がそれを使うだけだけど、それでいいのかなあ。もし、ほんの二、三カ月ぐらいしか続かなかったとしたら。

藤井　というよりも、中国側にとって非常に困る問題になっているのではないかと思うのですが。

習近平守護霊　いや、日本も困るんじゃないの？　「部品が入らないから、自動車をつくれない」とか言ってるしさあ。

昨日、聞いたのでは、君たちも、ぬいぐるみをつくっているらしいじゃないか。なあ？　真ん丸っこい生き物みたいなの、なんか、ぬいぐるみをつくろうとしたら、「中国が問題だから、いつもよりもつくるのが遅くなって、そんなに簡単ではなくなった」とか言って。だから、中国に依存《いぞん》してるのよ、日本はな。

何だか知らんが、何だ？　いや、わしがこんな宣伝しちゃいかんわな。●ミラクル村長のぬいぐるみかな。わしが宣伝するようなことではない。中国人には何を言うと分からんから。君たちのなかの、何か、シンボル、マスコットなんだろうけど、中国がやっぱり、すべての製造にかかわるわけよ。

だから、今、それどころではないんで。マスクをつくらないといかんのだから、それどころじゃないんだからさあ。うん。

藤井　日本の、とある自民党の幹事長からも、マスクなど（のために支援金《しえんきん》）を送りたいという話も出ていました。こういう動きをどう見ていますでしょうか。

●ミラクル村長　大川紫央総裁補佐による絵本「パンダルンダ」シリーズ（幸福の科学出版刊）に登場するキャラクター。主人公のパンダちゃんが住む村の村長。

習近平守護霊　マスク会社の株は、今は上がるけど、そのうち潰《つぶ》れるに決まってるからさあ。次は過剰《かじょう》生産して潰れるから、かわいそうだわなあ。株価が上がって、次は倒産《とうさん》だから。来年は倒産だよなあ、絶対。

藤井　今、危機なので、日本側にいろいろ応援をしてほしいというか、工作をしたいタイミングになっているのでしょうか。

習近平守護霊　日本もなんか、「見舞金《みまいきん》を送りたい」と言ったり、「送るべきではない」と言ったり、まあ、いろいろ言うとるらしいけどなあ。

いやあ、ちょっとね、わしは性格的には、何て言うかなあ、同情を乞《こ》うのはあんまり好きではないんだけどなあ。やっぱり、親しまれるよりは、怖《こわ》がらせるほうが性《しょう》に合ってるんで。ええ。

藤井　でも、今は、あまり強気になれる感じではないということですか。

習近平守護霊　うーん、わしだって、うつりたくないから、今困ってるんだからさあ。

「景気の冷え込《こ》みはそうとうなもので、予想がつかない」

藤井　経済状況ですけれども、中国の共産党体制は、長年、経済成長を求心力にしてきたところがありますが、今回のショックは、もしかしたら本当にマイナス成長になるような事態ではないかと思います。そのあたりは実際、つかんでおられるのでしょうか。あるいは、問題意識を持っていらっしゃるでしょうか。

習近平守護霊　いや、日本と一緒で、それはもう……。外出はね、日本よりきつい。外出ができなくなって旅行ができないし、都市間の交通がやっぱり、人が乗らなくなっているから。まあ、地下鉄ももうガラガラの状態なんで。

中国だって内需《ないじゅ》はけっこうあるから、その意味での景気の冷え込《こ》みはそうとうなものので、予想がちょっとつかないものがあるけど。

外国も、中国の投資にやって来るのも嫌がるし、中国に売り込みに来るのも嫌がって。まあ、渡航《とこう》禁止になってきているからねえ。これ、日本の鎖国時代を勉強しなきゃいけなくなって、鎖国ってどんなふうになるのか、ちょっと研究しなきゃいけない。
たぶん、ゼロ成長になるんじゃないの？　鎖国すると。おそらく、そうかなあ。

3　新型コロナウィルス蔓延《まんえん》の恐《おそ》るべき実態

感染者の実態は「百万人は行っているだろう」

市川　中国の方々や世界が知りたいのは、「実態はどうなのか」ということだと思います。感染者や亡《な》くなった方の実数です。

習近平守護霊　それは、「発表しなければ、実数はないことと一緒《いっしょ》」だからねえ。数字は、つくらなきゃいけないからさあ。だから、わしが判子《はんこ》をつくかどうかによって、数字は変わる。

市川　今日は、霊《れい》として来られていますので、素直《すなお》なお気持ちをお聞きしたいのですが、感じとしては、感染者は公表数の何倍ぐらいでしょうか。

習近平守護霊　公表数は今、八万を超《こ》えたぐらいか？　八万台ぐらい。実態はもう「百万」、行ってるだろうよ。ねえ。だって、医者が足りねえからさあ。診察《しんさつ》できないんだから。もう分からないじゃん。

病院だってどこも満杯《まんぱい》で、順番待ちで入れないし、入院もできないし。病気を見つけたところで、薬がないんだから。ワクチンなんかありはしないんで。だから、「家で熱を出して、死ぬなら死んでくれ」と。そうしたらカウントしないで済むから。病院で死なれるとカウントしなきゃいけなくなるから、「何人死んだ」っていうの。だから、外へ出ないで、なかで死んでもらいたい、各自の自宅で。

市川　刑務所《けいむしょ》でも、かなり蔓延《まんえん》してきているようですね。

習近平守護霊　ああ……、刑務所とか軍隊とか警察とかは困るんだよなあ。ああいう集団行動があるところはなあ。逃《に》げられない。

刑務所は、そうは言っても解放するわけにはいかんでしょう。どこへ解放するんだよ、いったい。

●**公表数は……**　2020年2月25日時点の公式発表では、中国本土での感染者数は77,658人、全世界での感染者数は80,241人。3月2日時点で、公式発表による中国本土の感染者数は8万人を超えた。

中国政府が珍《めずら》しくミスを認めた理由とは

及川　昨日《きのう》から、大川総裁のところに来られてお話しされたこととか、今のお話の内容からすると、以前とはずいぶん変わったなと思うんですけれども、何か心境の変化があったのでしょうか。

習近平守護霊　心境の変化は……。君は〝中国に協力的なこと〟をいっぱい言ってくれているのに、幸福の科学の統一意見と合っていない。そういう矛盾《むじゅん》を見抜《みぬ》いたんだよ。なあ。君は中国のために一生懸命《いっしょうけんめい》働こうとしてくれているんだろ、今。なあ?「中国に協力しよう」「マスクを送ろう」とかなあ。まあ、「景気を悪くしないように頑張《がんば》ろう」とか、君はやってくれているんだろう、きっと。食糧《しょくりょう》も送ってくれよ。

及川　先週の日曜日にスピーチをされたそうですが、「そのスピーチのなかで、珍《めずら》しく中国のミスを認めた」ということで、今、世界で大変な話題になっています。

習近平守護霊　それは君ねえ、百年に一回、五十年に一回あるかないかだから、そういうことは。「中国がミスを認める」なんていうのは、わしどころか、報道官でさえ認めることはないからね、一般《いっぱん》にはないので。自分でミサイルを撃《う》っても、「撃った」とは言わない国だからね。うん。

及川　本当によく認められたなと思ったのですが、どうして認められたのですか。

習近平守護霊　これは危機だからさあ。いやあ、孤立《こりつ》は怖《こわ》いよ。孤立したら困るんで。わしの一帯一路《いったいいちろ》の戦略が全滅《ぜんめつ》するじゃないか、下手《へた》したら。もう、みんな中国を……。いや、普通《ふつう》、後遺症《こういしょう》を引くじゃない。日本の東日本（大震災《だいしんさい》で）福島の原発事故が起きたらさ、「もう大丈夫《だいじょうぶ》だ」と日本のなかでは言われてもさ、外国は信じやしないでしょう？　韓国《かんこく》なんか、いまだに日本の魚介類《ぎょかいるい》なんか入れようとしないじゃない。なあ？　「どうせ嘘《うそ》に違《ちが》いない」って。

で、日本の人はさあ、「韓国の近海で獲《と》れた魚に比べれば、日本の三陸沖《おき》の魚なんか、放射能の汚染《おせん》の値《あたい》は韓国の百分の一しかもうない」とか言っている。まあ、それは、信用するとすればだけど。本当かどうかは分からんから、それは知らんけど。韓国のほうは、「自分のところの放射能度が高い魚を食っていて、日本からの輸入は認めない」みたいなことをやっている。

だけど、それくらい報道がいっぱいされると、それだけ、あとあとまで印象に残る。アメリカだって、「9・11」でビルが倒《たお》れたら、最初はその映像を流したけど、途《と》中《ちゅう》から流すのをやめたわな。みんなに刷り込《こ》みが入って、恐怖《きょうふ》体験が入ってしまうんで。巨大《きょだい》ビルがいっぱいアメリカにはあるから、次々とやられたら困ると思うし、国民がみんな地下壕《ごう》に逃げ込むような感じになってもいけないからやめたけど。

こっちも一緒で、悪いイメージを世界に拡散するわけにはいかん。

及川　なるほど。「中国の今後のために、かなりイメージを考えられた」ということが、今のお話でよく分かりました。

習近平守護霊　いやあ、いちおう……。

「新型コロナウィルスは武漢《ぶかん》の研究所から漏《も》れた」と認める

及川　もう一つ驚《おどろ》いたのは、今日、出てこられて真っ先に、武漢《ぶかん》にウィルスの研究所があったことを認められ、そこから新型コロナウィルスが漏《も》れたことまで言われました。

習近平守護霊　いや、もう、これは隠《かく》せないだろう。

及川　隠せないですか。

習近平守護霊　たぶん隠せない。これは、もう……。

及川　でも、今、これを言われると、「その動画が本になって世界にも広がっていく」ということはご存じだと思うのですが、それについては……。

習近平守護霊　いやあ、本を何冊も出してくれてなあ。いや、よかったこともあるんだよ。「ジンギスカンの生まれ変わり」と言われて、あれで機嫌《きげん》をよくして。「一帯一路」なんて、君らも協力してるんだからさあ。何言ってるんだよ。批判するなよ。

及川　そうした、「ウィルスの研究所があって、そこから新型コロナウィルスが漏れた」という事実が、今回の霊言《れいげん》によって世界に出るということに関しては、「よし」とされているわけですね？

習近平守護霊　いや、もう、だいぶ……、まあ、ほぼつかまれていると思う。だから、中国人の口を押《お》さえることは、もうできないレベル。武漢の人は、もうほとんど知っている、たぶん。たぶん知ってるよ。

それは、魚のね、そんな卸売《おろしうり》の市場《いちば》ぐらいからさ、こんなに世界中に行くようなところまで行きやしないよ（笑）。そんな、「それ、どこの魚だ」っていうことになるわなあ。

「どこかの養殖《ようしょく》池で、何かが混ざったためにそんなふうになった」というなら、ともかく分かるけど。普通の漁業の魚ぐらいで、そんな世界中を汚染するようなものが出てくるのはおかしいわなあ。これはもう、研究所に関係があることは、これはいずれ出るわ。

及川　なるほど。それを認められたのは、非常に意義が大きかったと思います。

習近平守護霊　もう確実だろう。

ウィルスは「一万種類以上、研究している」

及川　では、「その研究所で、どのようなウィルスが研究されていたのか」ということはご存じですか。

習近平守護霊　いやあ、それ、全部出すわけにはいかんでしょうが。

及川　しかし、知っているんでしょう?

習近平守護霊　ええ、種類はね、一万種類以上、研究しています。

及川　なるほど。

習近平守護霊　だから、全部は、わしも分からん。知らん。

及川　なるほど、なるほど。

習近平守護霊　専門家でなきゃ知らん。研究所長かなんかぐらいは知っているかもしらんけど。どこまで調べて、研究しているかは分からん。

ただ、君たちがあんまり厳しく追及《ついきゅう》するんだったら、やっぱり、研究所長は夜中に屋上に出て、フラッと飛び降りたりする可能性はあるわな。まあ、気をつけたほうがいいよ。

及川　分かりました。

本当は細菌《さいきん》兵器として「自国民にも使うつもり」だった？

藤井　先日の新型コロナウィルスの霊査《れいさ》のなかでは、細菌《さいきん》兵器の目的の一つとして、「高齢者《こうれいしゃ》や弱い人が亡くなるように」ということが言われていました。やはり、そういう趣旨《しゅし》のものだったのでしょうか。

習近平守護霊　いやあ、これは、ちょっとねえ……、すごいところを突《つ》いてきたねえ。ここを突いてくるとは思わなかったんで。ここを突くとは思わなかったなあ。

藤井　体制にとって、今、危機だということは分かるのですけれども、ただ、その思想が、「国民が大量に死んでもいい」とか、そういう……。

習近平守護霊　「いちおう、考えていることを、ここまで読み取るってすごいな」ということで、ちょっと驚いた。

藤井　では、「見抜かれた」ということですか。

習近平守護霊　うーん……、まあ、普通、思わないじゃない？　こういう細菌兵器とかをつくったとしても、それは外国の敵国に使うもので、「自国民にも使う可能性がある」っていうことは、普通は考えないでしょう。普通の人なら。

藤井　はい。

習近平守護霊　ただ、これを使うに当たっては、やっぱり……、まあ、ヒットラーの名前を出すのはちょっと不本意ではあるけれども、ゲットーというか、外に出ないような囲い込みの装置をつくって、死んでもいい人を送り込んで、そこで完成させなければいけないからねえ。

藤井　それは、つまり、ウイグルなどの少数民族対策として考えて、開発されているということですか。

習近平守護霊　まあ、ウイグルだって、散らばってるやつをグーッと集めて、いちおう〝極悪人《ごくあくにん》〟を中心に集めて、一平方キロメートルぐらいの範囲《はんい》内に集めておいて、外は囲いを完全にしておいて。そのなかで労働作業をさせて、穴を掘《ほ》らせて、「深く掘っておけよ」と言って、そして土深くですなあ、それは秦《しん》の始皇帝《しこうてい》の土の兵隊よろしく、埋《う》まってくだされば幸いだわなあ。

鶏《にわとり》なんか、そういうふうに処分するもんな。「殺処分《さつしょぶん》」っていうんだよ、あれな。

藤井　では、ヒットラーのナチスのやり方に、何か学んだところがあるということですか。

習近平守護霊　まあ、それは、「知られずにやること」は大事であるわなあ。知られるとまずい。ただ、考えてはいたことは事実だ。

藤井　今の状況《じょうきょう》を表現するのに、〝チャイナチ〟という言葉が、最近、流行《はや》っていまして、「中国」と「ナチス」とをイコールで結ぶという……。

習近平守護霊　ただ、それを言うのに力がないのは、現場に入って取材ができないからだよな。それは、ナチスだってやっているときには取材はできなかったからな、当然。だろう？　終わったあとだよな。負けたあと。だから、敗戦まで行かなければ、そこまで行くことはないからなあ。

もし外国のメディアが来てもさあ、「危険地帯なので入れません」って言えば、それで済むからな。

藤井　今ですと、もう規模で言うと、「ナチス以上」になる可能性がありますし、あるいは、もうなっているのでしょうか。

習近平守護霊　人口が多いから、それはしょうがないよ。向こうは数千万しかいないんだから、もともと。それは、規模が違うわなあ。

4　世界への影響《えいきょう》をどう見ているか

「アメリカは銃《じゅう》で死ぬ人が多い」「不法移民にウィルスを」と話を逸《そ》らす

市川　先ほど、アメリカのお話をされましたけれども、アメリカでも、「インフルエンザで亡《な》くなっている方のなかに、新型コロナウィルスで亡くなっている人がいる」という報道もあるのですが、アメリカに対して、何か意図的に仕掛《しか》けたということはあるのでしょうか。

習近平守護霊　いやいや、アメリカの人は死んだってさあ、そんなコロナで死ななくても銃《じゅう》で殺されて死ぬんだから、どうせ一緒《いっしょ》なんだよ。どうせ銃殺で、銃でも個人間の銃殺でな。恨《うら》みとか、復讐《ふくしゅう》で撃《う》たれて殺されている人なんか……。

まあ、私もよく知らないし、あっちの統計が嘘《うそ》か本当かも分からないから、よくは知らないけどさ。本当のことを言えば、年に十万人ぐらいは殺されているんじゃないの？　銃で。
だけど、大部分は、病気とか事故とかで処理されているんじゃないの？　だから、本当に周りの目に映って、「もう、これは殺人だ」っていう証拠《しょうこ》が出て、バレてしょうがないものだけは数字を出すかもしれないけど、本当は個人的に撃って殺しているものが、いっぱいあるんじゃないの？
だから、十万ぐらいは死んでいるだろうから、少々、そんなウィルスが行ってアメリカ人が何人か死んだって、そんなの何の……、もう蚤《のみ》が噛《か》んだぐらいのものだろう。

及川　今週から、アメリカとヨーロッパで株価が非常に下がっていまして。

習近平守護霊　うん。

及川　今日の環球時報《かんきゅう》（中国共産党の機関紙系列の新聞）には、世界の株安に関して、「これは大変なのではないか。むしろ、世界が今こそ一体となって中国を助けるべきだ」ということが書かれていたのですけれども。

習近平守護霊　君、応援《おうえん》してくれているんだろう？　当然。そういう人だもんな。君は国際人だから、そう考えるよな。君は日本人じゃない。

及川　「今の世界の経済が、中国の影響《えいきょう》を受けて大恐慌《だいきょうこう》になるかもしれない」という雰囲気《ふんいき》に関しては、どうお考えですか。

習近平守護霊　うん、やっぱりね、物事はねえ、悪い面といい面の両方があるから、これをいいほうに善転させることを考えるべきなんだ。トランプさんに知恵《ちえ》を授《さず》けたい、一つな。

メキシコからの移民が問題でね、あんなに選挙から争っているんだけど、「フェンスをつくって、何か垣根《かきね》をつくって、壁《かべ》をつくってメキシコから入《い》れない」っていう政策は、とっても評判が悪いし、壁をつくったって、地下に穴を掘《ほ》ってトンネルをつくれば、簡単に一晩で地下の穴ぐらい開《あ》けられるんだから、やったって無駄《むだ》だよ。

だから、その国境あたりを越《こ》えてくる不法移民のメキシコ人を捕《と》らえて、そこでこのコロナウィルスをかければ、それでもう終わりじゃない？　ゴキブリを殺すのと一緒なんだから。簡単に死んじゃうから。「肺炎《はいえん》に罹《かか》って死んだようです。やっぱり、アメリカは寒かったんでしょう」と言えば、それで済むんだ。

「横浜《よこはま》港のクルーズ船は沈《しず》めればいい」という暴論

及川　そのような人権を軽視するお考えが、今、世界で批判の対象になっているのですが、それに関してはどうですか。

習近平守護霊　いやあ、君、後《おく》れているなあ。君、少なくとも一日後れているわ。あのなあ、こういう世界的危機においてはね、もう、「人権なんていうのは後れている」と言われているんだよ。君、知ってるか？　これは日本の雑誌にもそう載《の》っているから、よく読めよ。「人権問題をこんなときに言うやつはバカだ」と。「人権じゃないんだ、こんなもの。人権じゃなくて、もう、世界の危機を防ぐための行動のほうが先なんだから」ということだなあ。

だから、最後はな、横浜《よこはま》港のクルーズ船に三千七百人もいて、だいぶ下船して、もう終わったのかどうか、わしは知らんけど、あんなの沈めりゃいいのよ、海に。それで終わりなんだよ。何言ってるんだよ。もう二度と浮上《ふじょう》しないように、ちょっと沖《おき》のほうに引っ張っていって、何か重しをいっぱい入れて沈めて、深さ三千メートル以上のところに沈めておけば、それで終わりだよ。コロナウィルスも何もできやしねえ。それで終わりなんだよ。ねえ?

あんなの、延々と放送を流させて、世界に、日本の印象をすごく悪くして。中国人も「渡航《とこう》禁止」っていうか、「来るな」って言われているけど、「日本人も来るな」って言っている国が、そうとう増えてきているじゃない。

日本のマスコミもバカだからさあ、被害《ひがい》を一生懸命《いっしょうけんめい》、毎日毎日、報道しまくるし、NHKの国際版でもかけまくるからさあ。それで日本に行きたくないし、日本からの客もだんだん拒《こば》まれるようになるし。

このまま、君らねえ、これがいいと思っているんだったらねえ、大川隆法の海外講演会なんかは全部潰《つぶ》れるからね。できないから。(質問者の市川に)君、困るよ、ね?

市川 「信仰《しんこう》ワクチン」が打ってあります。

習近平守護霊　いや、そんなものでは効かないよ。そんなものはないよ。具体的なワクチンを持ってなきゃ駄目だよ、君。

これは〝神のご計画〟か〝悪魔《あくま》の仕業《しわざ》〟か

及川　でも、そうした具体的なワクチンがないなかで、先ほど、「三月になったら終息する」というようなお話もされていましたが、もう一方で、これからまた、再拡大するという恐《おそ》れもすごくあるのですが。

習近平守護霊　あります。

及川　その点に関しては、どうお考えですか。

習近平守護霊　これはね、私はねえ、もう思うんですよ。もう、私の能力は超《こ》えておりましてね。これはもう〝神のご計画〟なんだと思うんだよ。うん。

神がねえ、人類がもう八十億人から百億人に行こうとしているから、「ここらで半分ぐらいに減らしたいなあ」と、たぶん思っているんじゃないかなあ。それなら、「中国がそのための〝奉仕《ほうし》〟をしている」っていうことになるわな。

市川　今、「神」というお言葉を使われて、うれしくもあり、ある意味でショックでもあるのですが、いわゆる「神」は信じていらっしゃるのでしょうか。

習近平守護霊　いや、私らが言う〝神〟は、それは〝悪魔《あくま》〟のことですけどね。

藤井　コロナウィルスの霊査《れいさ》では、「R・A・ゴール」という宇宙存在が出てきました。

習近平守護霊　いや、それが悪魔だろう。

藤井　ああ、なるほど。

習近平守護霊　それが悪魔でしょう。正体・名前を隠《かく》している。それが悪魔なんだ。

藤井　ああ、そういう理解をされているということですね。

習近平守護霊　悪魔なんだ。いるんだよ、悪魔が。中国にこんなにねえ、「公式に八万人以上、感染した。二千六百人以上の死者を出した」って、これ〝悪魔の仕業《しわざ》〟ですよ。実数はもっと多いからね、本当に。だから、これはもう悪魔としか思えないですね。

藤井　中国の方に分かりやすく言うと、例えば、これは「天意」や「天命」というようにも翻訳《ほんやく》できるかなと思うんですけれども。

習近平守護霊　だから、「天意」と言ってもいいが、〝天〟にも〝悪魔〟が住んでいる場合もあるんだよ。それは、研究が、君たち足りていないんだよ。

藤井　R・A・ゴールの説明によりますと、中国が今、台湾《たいわん》・香港《ホンコン》に対して威嚇《いかく》的な行動に出ようとしていることに対してのアクションなのだということです。

習近平守護霊　いや、これは悪魔、悪魔のアクションでしかない。

だからね、人口を見たら、香港は七百万だ。台湾はわずか二、三千万だ。ね？　この民《たみ》を生かすためにね、十四億人を苦しめるなんて、こんなの悪魔以外ありえない。神がこんなことを考えるわけない。神は計算ができるはずだ。数を見れば分かる。神は、やっぱり最大多数を救うはずだから。

だから、中国のほうを苦しめるっていうのは、これは悪魔の仕業だ。結論は、はっきりしている。

5 新型コロナウィルスで中断された侵略《しんりゃく》計画

「中国南部のミサイル基地では、台湾攻撃《たいわんこうげき》の準備はできていた」

藤井　今年（二〇二〇年）に入って、何か軍事行動を予定されたり、計画を考えたりされていたということでしょうか。

習近平守護霊　それは、そのまま許すわけにいかんでしょう。（台湾《たいわん》総統が）蔡英文《さいえいぶん》になったら不幸になることは教えなきゃいけないし。

藤井　ただ、「民進党が勝つのは引っ繰《く》り返せなかった」ということですね。

習近平守護霊　いや、だから、攻撃《こうげき》の準備はもうすでにできているから。まあ、工作もしておったけどね。いろんなスパイ工作や賄賂《わいろ》工作、ずいぶんやりましたけどね。

ただ、蔡英文が勝つ流れができてきたから、「勝つんだろうけど、勝ったら不幸が来るということを、因果応報《いんがおうほう》をちゃんと教えてやる必要がある」と思って、中国南部のほうのミサイル基地には、もうミサイルの準備は終わっていたので。もう、いつでも「ゴー」できる状態にはなっていたときに、これが流行《はや》り始めたので、「このタイミングで、なんでこうなんだ」っていうことだよなあ。

藤井　逆に、コロナウィルスがなければ、「ゴー」していたということですか。

習近平守護霊　そうねえ。春節が終わったあたりで攻《せ》め込《こ》むっていうか、第一波攻撃はやっただろうね。

藤井　それは、台湾を狙《ねら》っていたのか、香港《ホンコン》を狙っていたのか。どこを狙っていたのでしょうか。

習近平守護霊　台湾に威嚇《いかく》でミサイルを撃《う》ち込んだらねえ、香港なんか震《ふる》え上がりますから。彼らは、ほとんど武器らしき武器は持っていないので。石つぶてや火炎瓶《かえんびん》ぐらいしかないから。台湾に撃ち込んだら、香港はもう、すぐに両手を上げますよ。本気でやるんだったら、もう勝てるわけないんだから。

なぜか、「中国の孤立《こりつ》作戦」になってきている

藤井　去年の十一月、香港では、区議選でしたが「民主派が圧勝する」という流れになりました。このあたりも、やはり、中国のやり方が裏目に出ていたということだったと思います。

習近平守護霊　いや、おかしい。おかしいんだよな。今、中国が世界からされているように、「香港を孤立《こりつ》させる作戦」を立てていたんで。香港と取引があるような、国として認めていない国……、どんどん、もう、香港との取引をだんだん狭《せば》めていって、台湾も取引を狭めていって、この二つを孤立させていく。

中国の言うことをきかなければ、もう「おまえらは相手にしない」と。「国際ビジネスのなかでは存在できないんだ」という、そういうふうな孤立作戦を立てていたの

に、「大国・中国丸ごと孤立作戦」みたいに、ちょっとなってきて、ちょっと混乱している。

藤井　かなり、ご自身の予想を裏切る展開になっているということですね。

習近平守護霊　うん。香港だってさあ、例えば、港湾を封鎖《ふうさ》されてごらんよ。何もできないよ。ねえ？　港の外側に中国の軍艦《ぐんかん》を並べてさ、砲塔《ほうとう》を香港に向けて。上空は、中国軍機が飛び回っている状態、制空権も取ってしまったら、香港なんて、もう何にもできやしないよ。そんなの〝落城《らくじょう》〟しかない。

日本に対しては、「アメとムチを使い分けている」

藤井　あるいは、尖閣《せんかく》も狙ったりはしていましたか。

習近平守護霊　いや、尖閣に向けても準備は進めてましたよ、当然。それはそうでしょう。軍のほうは、だから……、私のほうはこちらで忙《いそが》しくてさあ、中止命令を出していなかったんで。コロナウィルスが流行っているときに、軍のほうは尖閣に毎日侵《しん》犯《ぱん》しとっただろう。

あちらのほうは、去年からの命令が、そのまま、まだ動いているので。

藤井　もしかしたら、習近平主席の命令どおりにも動かないということなのでしょうか。

習近平守護霊　いや、判断することがものすごくあるんだ、数が。

藤井　日本人の親中感情を高めるためには、ああいうことはやめたほうがいいと思うのですけれども。

習近平守護霊　いやいや、それはねえ、やっぱり「アメとムチ」なんだよ。両方、必要なんだよ。「親中派が強くなって、中国との友好関係を高めるほうが利益があると思うか。それとも、軍事的に攻め取られて戦争をしたりして、日本がなくなるほうがいいか」、どちらか選べというかたちでの交渉《こうしょう》が、私の基本スタイルなんで。

香港《ホンコン》・台湾《たいわん》・尖閣《せんかく》を狙《ねら》ったあとは「大中華帝国《だいちゅうかていこく》の成立を目指す」

藤井　香港《ホンコン》、台湾《たいわん》、それから尖閣《せんかく》を狙《ねら》った先は、どのような方向を目指されていたのでしょうか。

習近平守護霊　うーん、だから、「大中華帝国《だいちゅうかていこく》の成立」でしょう。

あと、今の十四億人で……、まあ、面積はアメリカと大して変わらないから。アメリカのほうが、やや、石油とかガスとか石炭とか、豊富だからね。燃料は豊富なので。これだけでアメリカがすぐ引けを取るとは思えないけど。一帯一路《いったいいちろ》が成立して、アジアからヨーロッパまで、もう中国のシルクロードが出来上がったら、アメリカはもはや手が出なくなって、またオバマみたいな人しか出てこられなくなるだろうなあ。

藤井　ただ、台湾を威嚇《いかく》した場合、アメリカが手をこまねいているということは絶対にありえないと思うのですけれども、そのあたりの反撃は予想されていなかったのでしょうか。

あるいは、日本政府に対するプレッシャーを何か考えておられるのでしょうか。

習近平守護霊　いやあ、台湾に対して何かをうちがした場合に、アメリカが軍事行動を起こすなら、うちは、やっぱり日本を挑発《ちょうはつ》するわな。日本をな。

日本は、「二〇二六年を目標で、滑空型《かっくう》のミサイルとか何かをつくって、上に撃ち上げたやつから、宇宙空間で切り離《はな》されて落下してくるやつが、フニャフニャフニャッとグライダーみたいに飛びながら、というか、撃ち落とされにくいように飛びながら、空母遼寧《りょうねい》に当たるようなものを開発している」とか言って発表しているから。「二〇二六年」って言っているから、その前に日本を取ってしまえばいいんだろう？

「宇宙人やエンゲルスからの攻撃《こうげき》」に戸惑《とまど》う習近平氏守護霊

藤井　そうしますと、いちおうプランはあったけれども、今回、R・A・ゴールの予言どおり、今は、いったん挫折《ざせつ》しているということでしょうか。

習近平守護霊　（『中国発・新型コロナウィルス感染 霊査《れいさ》』を手に取りながら）いや、これ何なんだ、これなあ。これ、ちょっとなあ。

藤井　いや、非常に、中国の弱いところ、痛いところを突《つ》いた流れになっていると思います。

習近平守護霊　（同書をパラパラとめくりながら）君ら、こんなの……。何なんだ、君らは、これ、いったい。こんなものが本として出せるのか、本当に。信じられないなあ。

いや、ちょっと報告は受けてはおるがな、まあ。

しかし、何、宇宙……、宇宙人……、宇宙人が、なんでこんなことをしなきゃいけないんだ、おかしいじゃないか。

いや、攻撃《こうげき》するんなら北京《ペキン》に攻撃すればいいじゃないか、武漢《ぶかん》じゃなくて。何なんだ。

藤井　要するに、今、まったく手も足も出ないということに……。

習近平守護霊　いや、意外に中国も、これ、中央部なんで、全部に広がるんだよ、これ。

だから、やつらが何の手を使ったか分からないんだよ。私らも原因究明はしておるんだけれども。細菌《さいきん》研究所から出た可能性が高いと、もう判定はしているけど、「誰《だれ》が、いつ、どういうかたちでやったか」は、全然分からないんだよ。それがまだ調べがつかないので、この宇宙人なるものが本当に存在するかどうかも分からないけど、存在するんなら、やつらは何か特殊《とくしゅ》な方法を使った可能性があるから。

うーん、それはねえ、これは、あんたね、「国家間の戦争」じゃなくて「宇宙戦争」ですよ。もし本当だったら、今度は「対宇宙人兵器」を開発しなきゃいけないんで。本当だったら、こんなことをするんだったら、「宇宙人皆殺《みなごろ》し計画」を立てなきゃいけないんで。一帯一路どころじゃないよ、こんなもの。「地球防衛網《もう》」をつくらなきゃいけない。

藤井　この『中国発・新型コロナウィルス感染 霊査』で明らかにされたのは、「共産党ウィルスで封印《ふういん》する」という狙いがありました。

習近平守護霊　「共産党ウィルス」って、「共産党」って、今日、エンゲルスさんのほうは、「中国は共産主義から外れて資本主義化しているからけしからんので、ウィルスが流行って、やんやの喝采《かっさい》をしている」と言っているから（本書第3章参照）、君らのほうが原理主義なんじゃないか？　もしかしたら。

市川　大恐慌《だいきょうこう》が来たほうが、「貧しさの平等」としての共産主義の理想に近づいていくと思うのですけれども。

習近平守護霊　うーん……。まあ、金儲《かねもう》けに関しては共産主義を適用していないから、思想の原点から見れば、おかしいのはおかしいんだけどね。

市川　そのあたりは、もう割り切っていると。

習近平守護霊 いや、「金儲けは自由だけど、政治的には平等に扱《あつか》われているんだ」ということにはしている。

だから、「経済的には自由」ということになっているから、そういう共産主義があるのかどうか、マルクスが生き返ったら何と言うかっていうのも、今、言われてはいることではあるんだけれども。

まあ、エンゲルスが言っていることから見れば、中国南部を中心にする経済発展がものすごい……、もうアメリカ並みの大金持ちも出てきているからね。「こんなことは共産主義下では許されない」って、「それは搾《さくしゅ》取階級というんで、それをぶっ潰《つぶ》すのが共産主義なんだ」ということで、〝宗旨《しゅうし》〟に反しているということらしいから。

まあ、両方から攻撃を受けているなあ、今。

6　今後の野望を語る、習近平国家主席の守護霊

国賓《こくひん》での来日で、「天皇皇后がひれ伏《ふ》しているところをお見せしたい」

及川　今回、習近平主席の「弁明《べんめい》」というタイトルになっています。非常に弁明されている部分もあるものの、なぜ今、弁明に来られたのか、そこが、もうひとつ分からないのですけれども。

習近平守護霊　いやあ、わしはねえ、「全然、悪くない」と言っているんで。これはもう、だから、「天意」だろう?　君らが言う。

「天意」っていうのは、「神様」が起こしているんだ。

「神様」っていうのは、これ、本当は「悪魔《あくま》」のことなんだ。「大と小」が分からない神様がいるはずがないから、「大のほうを苦しめる」っていうのは、これ、悪魔に違《ちが》いないから。だから、君らは〝悪魔の信仰《しんこう》〟をしていて、〝悪魔の思想〟を広げよ

うとしているんだって、世界に。

及川　なるほど、なるほど。そういうお考えなんですね。

習近平守護霊　うん、うん。

及川　もしかしたら、中国共産党の指導部のなかで、習近平主席のお立場が、今、非常に悪いのでしょうか。

習近平守護霊　うーん、まあ、七パーセントの経済成長を切ったあたりから不信感が出てはきているし、国家主導でマンションとかいっぱい建てても、ゴーストタウン化しているところもそうとう出てきているので。やっぱり、「このままでは危ないですよ」と言う人はいることはいるが、そういう人は順番に〝消して〟いくことにはしていたんで。

まあ、私も終身制なんでねえ。だから、今回、天皇と会って、「おたくの天皇はかたちだけで実質がない、実力がないが、私は実力を持った昔の日本の天皇みたいなもので、大将軍と天皇を兼《か》ねている。それが中国の皇帝《こうてい》なんだ」ということを天下に知らしめるつもり、世界に知らしめるつもりでおった。

及川　「天下に知らしめる」というのは、「中国の内部に対しても知らしめたい」ということですか。

習近平守護霊　そうそう、それも必要。だから、日本の天皇皇后なんかがひれ伏《ふ》しているところをお見せしたいと思うから。

及川　それによって、自《みずか》らの立場に対する信用を何とか戻《もど》したい。

習近平守護霊　うーん、だから、「もう中国を無視しては、日本は成り立たないんだ」ということを日本が認めたということで、天皇皇后が、わしの前でお辞儀《じぎ》して、頭を下げるところを放送……。中国では特にそこを重大視して、放送をかけるつもりではおるからな。

「日米安保《あんぽ》をぶち切るところまで持っていきたい」

及川　そういう意味では、今回の「国賓《こくひん》での来日」というのは、強行したいと思っておられるんですね？

習近平守護霊　うん、だから、「三月までに何とか、このけりをつけてしまいたい」とは思っておるんだがなあ。

いや、これは安倍《あべ》さんのためでもあるわけよ。私がそういうふうに行けて、オリンピックもできて、コロナも終息して、そして景気がよくなって、中国から観光客がオリンピックを中心にガーッと来て、消費景気を増やしてやることが、日本のためでもあり、安倍政権の延命のためでもあるし、私の終身制を盤石《ばんじゃく》にするためでもあるわなあ。

及川　ということは、「安倍政権」と「習近平主席」とは、利害が完全に一致《いっち》しているということですか。

習近平守護霊　安倍さんは完全に、トランプさんと私らの中間で〝両天秤《りょうてんびん》〟をかけとるじゃないか。だから、トランプさんは「面白《おもしろ》くない」と思っていると思うよ。だから、「日米安保《あんぽ》がいつまでもある」と思っちゃあいけないよ。

だから、私は、「中国との経済関係が不即不離《ふそくふり》で、もう逃《に》げることはできない」と、「一体で、沈《しず》むときも一緒《いっしょ》、上がるときも一緒。だから、もう一体でいくしかないんだ」というところに持っていくことで……。トランプさんは気まぐれでアップダウンするので、中国に経済制裁をかけたって、中国が〝風邪《かぜ》をひけ〟ば、日本も〝風邪をひく〟状態になっとるんだから。

だから、狙《ねら》いは、それは「日米安保をぶち切ること」が狙いなんで、そこまでは持っていきたい。

トランプさんはお金が惜《お》しいからね。軍隊を派遣《はけん》するんだって、本当は好きじゃないんだからさあ。だから、日米安保はぶった切る。

で、ロシアのほうも、ちょっと警戒《けいかい》はしているんで。対ロシアで、潜水艦《せんすいかん》から小型ミサイル、核《かく》ミサイルでロシアに対抗《たいこう》できるように、トランプさんがやろうとしているから。これも安倍さんを引き込《こ》んで、要するに、「日米安保を切るぐらいの覚悟《かくご》がないと、日露《にちろ》平和条約は結べない」というところで迫《せま》っているはずだから。
まあ、いずれにせよ、日本にとっては、どこかの国に引きずり回されるしかないのさ。それが「小国の運命」なんだよ。

娘《むすめ》・習明沢《しゅうめいたく》氏から言われているＡＩによる統制の強化

市川　ちなみに、娘《むすめ》さんの習明沢《しゅうめいたく》さんからは、今回の件について、情報統制などで何かアドバイスはありましたでしょうか。

習近平守護霊　いや、安倍流に言えば「ただの私人」だから、何も関係ない。娘は私人ですので。

市川　「お父さん、こうしたらいいよ」とか、あったりは……。

習近平守護霊　いやいやいや、いやあ、そんなことはない。

いやあ、それはねえ、「人間なんて、もう、すぐ死ぬし、病気をするし、当てにならないから、ＡＩを使ってコンピュータで仕事をし、命令も出せば、止めもでき、どうにでもできるように、なるべくしたほうがいいよ」っていうようなことは、ちょっと言うとるけどねえ。

だから、武漢《ぶかん》市のトップとかさ、香港《ホンコン》のトップだとか、「あんなの、人間を置いておくから、ろくなことがないんだ。ＡＩに判断させればいいんだ」と言ってはいるけど。

市川　「主席自身もＡＩに置き換《か》えられていく」という未来でしょうか。

習近平守護霊　うん？　私は何も分からんもん。何も分からんので。だから、「ＡＩが『武漢市の人たちは、集めて火あぶりにしろ』と命令したら、そうしたらいい」というのが娘の考えだから。

「幸福の科学を悪者にしたい」というのが弁明《べんめい》の趣旨《しゅし》

藤井　結局、今日の弁明《べんめい》には、もしかしたら安倍政権に対する調略のようなものも入っているのですか。

習近平守護霊　うん、うん。それも入っている。

藤井　要するに、「味方に引き込みたい」と。

習近平守護霊　うん。そうだし、幸福の科学を悪者にしたい。

藤井　ああ、なるほど。

習近平守護霊　うん。悪者にしたい。
君らがやったんだろう？　本当は。

藤井　いえいえ、そんなことはありません。

習近平守護霊　君らがやったんだろう？　本当は。うん？

藤井　「天意」ということです。

習近平守護霊　いやあ、「宇宙人」というのは、こんなの嘘《うそ》だろ。君らがドローンを飛ばしてるんだろう、実は。君らときどき、竹島とか尖閣《せんかく》とかに上陸したくなる気分になるんだろう？　だから、夜中にボートを走らせて、ドローンを飛ばして、「宇宙人」と称《しょう》して何かやったんじゃないのか？

「民《たみ》は水ではなく魚だ」と語る守護霊

藤井　去年の「エル・カンターレ祭」の情報は、たぶん入っていると思いますが、大川隆法総裁は習近平主席に対するアドバイスもされています。

習近平守護霊　あっ、そうなの。

●去年の「エル・カンターレ祭」　2019年12月17日、さいたまスーパーアリーナで開催された「エル・カンターレ祭」において、法話「新しき繁栄の時代へ」が説かれた。『新しき繁栄の時代へ』（前掲）所収。

藤井　『貞観政要《じょうがんせいよう》』の言葉も引いて、民主的な国にするように、独裁は改めるべきだ、というようなお話をされました。

習近平守護霊　いや、民《たみ》は「水」じゃないんだよ。民は「魚」なんだよ。だから、網《あみ》を打って獲《と》られるのが仕事なのよ。民は魚だから、魚が増えるようにしなきゃいけないし、魚が「売れない魚」にしかならなかったら、痩《や》せ細ったり、病気を持っていたりしたら、魚を「廃棄処分《はいき》」にしないと値段が下がるからね。それも漁師の仕事だわな。

藤井　大川隆法総裁の願いとしては、中国の人たちを幸福にしたいということで、メッセージを発されたと思います。

習近平守護霊　いや、でも、日本もそうだと思うんで。安倍さんも、本当は気持ちは一緒だろうと思うんだけど。年金を払《はら》えないんだよ、今の感じじゃ。どう考えても払えない。だから、もう仮想通貨でも何でもつくりまくって、お金を持っていることにしなければ、払いようがないね、今のところ。

藤井　そうすると、「皇帝のために国家があり、国民がある」という発想でしょうか。

習近平守護霊　いやあ、一人当たり、日本の五分の一ぐらいの収入にはなっているんだろうけど、それはほとんど、南部のほうの金持ちたち、観光客になれる人たちが儲《もう》けているだけなんで。普通《ふつう》の、工場で働いている人たちの賃金は、もっとずっと低いんでね。

君らのそのぬいぐるみでも、「中国でつくらせるのが主流だ」っていうのは、中国人は月二万円ぐらいで働いてくれるけど、君たち日本人は月二万円では働いてくれないからな。だから、それは中国でつくったほうが安いんだよ。

このまま放置したら、君、ユニクロだって潰《つぶ》れちゃうぞ。いいのか？

習近平主席の訪日が中止になったら、オリンピックも潰《つぶ》れる？

藤井　日中関係を振《ふ》り返ると、「天安門《てんあんもん》事件が起きて、中国に対する国際包囲網《ほういもう》ができたときに、天皇訪中でこれが打開された」という悪い歴史もありました。もしかすると、それを今、もう一度、狙っているようにも見えるわけです。国際社会のなかで、日本がいちばん弱いというか、抱《だ》き込みやすい相手だと。

習近平守護霊　いや、とにかく、日本の不況《ふきょう》でみんながビービー、ギャアギャア言って、安倍さんに「何とかしろ」って言うのを狙っている。

安倍さんは、「桜の会」の問題で締《し》め上げられているのから早く逃《のが》れたいから、コロナをうまいこと使って逃げようとしているんだろうとは思う。コロナ対策を全力でやっているように見せて、みんなが忘れてきたころに、コロッと切り替《か》えるのを考えている。そのあと景気がよくなればいいんで、とりあえず、何でもいいから、景気をよくする方法を今、考えているんだろうとは思うけどな。

●今、トランプさんがインドに行ってなあ、十一万人も入る会場で、モディ首相と抱き合ったりしてる。このコロナ感染のときに、十一万人も集まってはいかんだろうに。インド人はねえ、ウィルスに対して強すぎる！　ちょっと、よくない。文明人になったら、コロコロと罹《かか》って死になさい。インドに対して勧告《かんこく》したい。

●今、トランプさんが……　2020年2月24日、ドナルド・トランプ米大統領は、初めてインドを公式訪問し、11万人収容のスタジアムで演説を行った。

及川　今、日本の景気についてもおっしゃいましたが、中国の国内景気こそ、これからの経済の再開というのが、習近平主席にとっては、いちばんの課題ではないかと思います。今、どのような手を考えておられるのでしょうか。

習近平守護霊　えっ、何？　中国の？

及川　中国の経済を再開するために、どのような手を考えておられますか。

習近平守護霊　うーん……。まあ、とりあえずは、統計の数字はつくれるから、しばらく、対策が立つまでの間は……。統計数字はつくれますから、その間に対策をつくらなくては……。

及川　では、今は対策はないんですね？

習近平守護霊　ええ？　だから、これ下火に……。とにかく、「ピークを越《こ》えた」っていう発表ができれば、景気は回復に向かうわけよ。「ピークは越えた」っていう発表ができればね。だけど、まだできないんだよ。

及川　もし、その「ピークを越えた」という発表を中国がしたとしても、先ほどご自身がおっしゃったとおり、国際社会は、たぶんそれを信じないでしょう。

習近平守護霊　だけど、取材は少しは入っているけれども、私らも北朝鮮《きたちょうせん》並みに賢《かしこ》いから、悪いところは取材させないので。それを全部、隅々《すみずみ》までやられたら、たまったものではないから、悪いところはなるべく見せないので、そこまでのダメージは、たぶんないだろう。

とにかく、私がだな、四月に日本に行って、国賓で天皇皇后に会わないということは、たぶん、オリンピックが潰《つぶ》れる予兆になるよ。君はそれでいいのかなあ。「Ｒ・Ａ・ゴール」っていうのは、たぶんドローンだろうけど、その〝ドローン氏〟に、「君、そんな仕事をしてていいのか」と、やっぱり言わないといけないわな。

及川　「R・A・ゴール」という存在に対して、かなり過敏《かびん》に反応されているようですけれども。

習近平守護霊　いや、わしは嘘はつかないが、周りにいるやつは、いくらでも、こんなことは考えつくんだよな、うちは。

及川　「R・A・ゴールという存在が次に何をするか」ということに対しては、心配ですか。

習近平守護霊　……次があるのか。次は、いやあ……、君、次は大変なことになる。次は、わしだったら、パンダの生息地が危ないな。ここが。

及川　えっ？　どういうことですか。

習近平守護霊　いやあ、日本人だって、パンダにはなるべく生きてほしいだろう？　四川省《しせんしょう》、それからチベット自治区、このあたりはパンダの生息地なんだよ。このあたりに危機が起きたら、日本人は、もう胸がキュンキュン締まるぐらい苦しむんじゃないか。

及川　というふうにお考えなんですね。

習近平守護霊　うん。いや、わしが、もしな、Ｒ・Ａ・ゴールを名乗るとしたらな、四川省からチベット自治区、パンダの生息地の……。この前はオーストラリアでコアラが大量死して、「絶滅《ぜつめつ》するかも」と言われているじゃないか。そういう事態がな、起きるかもしれない。

及川　そんな程度では済まないのではないかと思いますが。

習近平守護霊　うーん。とにかく、「日本から日本の消防隊が来て、竹藪《たけやぶ》を消火して回る」とか、そのくらいなら、手伝わせてやってもいいと思っているんだけどな。

習近平主席は〝共産党王朝の最後の皇帝《こうてい》〟になるのか

藤井　今、「最後の皇帝《こうてい》」になりそうな予感が。

習近平守護霊　なーにを言ってる！（笑）「最高」って。「最高」と「最後」は、発音は似ているけど、ちょっと違うんだよ。

藤井　習近平主席の守護霊霊言《れいげん》は何冊も出していて、最初は「世界皇帝」を名乗られていたのですが、今はもう、「そうとう雲行きが怪《あや》しいな」というのが実際のところです。

習近平守護霊　いやあ、（最初に）「皇帝」を名乗ったのは始皇帝《しこうてい》だからなあ。始皇帝はあとがよくなかったから、そこだけ、ちょっと心配はあったんだがなあ。

藤井　「共産党ウィルス」が流行《はや》って、〝共産党王朝〟が終わり、最後の皇帝に……。

習近平守護霊　「共産党ウィルス」と関係があるのかなあ。うーん……。

藤井　助けを求めるとしたら、もう日本しかない。そういうことですか。

習近平守護霊　「助けを求めるとしたら日本しかない」……。いや、日本が中国に「五体投地《ごたいとうち》」をして、お願いするのを待っているんだからさあ。

藤井　では、「もし日本からの助けがなければ、もう本当に終わりかもしれない」と？

習近平守護霊　いや、そんなことはないけどね。いやあ、私は下放《かほう》も経験しているから、貧しさには慣れているので。バブルが崩壊《ほうかい》して金持ちが貧乏《びんぼう》になることはあろうけれども、それが元の中国なんだから、別に何も困ることはない。

藤井　ついこの間、周恩来《しゅうおんらい》元首相の霊が来られて、「非常に困った」と何度も言われていました（本書第4章参照）。

習近平守護霊　なんで困らないといかんのかなあ。大成功しているのになあ。中国は歴史上、五千年で今、最大の繁栄《はんえい》を満喫《まんきつ》しているんだよ。

藤井　「共産党政権は七十年くらい」ということですけれども。

習近平守護霊　とにかく、「毛沢東《もうたくとう》を超《こ》えた」ということが世界史の常識になるところまでは行かないと、使命を果たせないんで。

藤井　中国では、「天命で王朝が交代する」という革命思想が信じられているのではないですか。

習近平守護霊　いやあ、自分が倒《たお》す場合の革命は、いい革命なんですよ。自分が倒される革命は、悪い革命なんですよ。それは認めてはいけないんで、それは「反乱」と呼ぶんです。

藤井　「その上に天の意志がある」ということは……。

習近平守護霊　だからねえ、アメリカなんかは、イランなんかでも、やっぱり、反乱を煽《あお》っている。いっぱい工作員が入ってねえ、指導部を追放させようとして、民衆のデモを焚《た》きつけたりして、反乱がいっぱい起きるように、一生懸命《いっしょうけんめい》、誘導《ゆうどう》している。
　だから、中国にも入《はい》れたら、そういうことをしようと思っているけど、なかなかできないでいるんだなあ。九千万人からの共産党員の結束が固いからねえ、入れないんだなあ。

藤井　あるいは、「大川隆法先生のところに助けを求めに来た」ということですか、昨日《きのう》の夜から。

習近平守護霊　うーん、大川隆法……。いやあ、君らの組織は、どうせ、こんにゃくみたいな組織だからさあ、役に立ちはしないんで。大川隆法氏が〝言論人〟としていっぱい弾《たま》を撃《う》っているのが、少しはいろんなところに当たっているんだろうから、自分で言葉を発信しているんだったら、考えを改めるぐらい簡単じゃないか。なあ？

だから、宗教家を本職と思うんだったら、それは、国際派のエースの方が国際的な発信を常に心掛《こころが》けておられるように、大川氏も、やっぱり国際人の本分に戻って、「宗教というのは人助けのためにあるんです。中国十四億人を救いましょう！」って全国に運動を立てたら、「ああ、さすが、偉大《いだい》な宗教家は違うんだなあ。心が寛容《かんよう》で広いんだなあ」ということで、中国にもファンが増えるかもしれないなあ。

だから、「みなさん、中国から逃げたりするのはやめましょう。中国で、その身を投げ捨ててでも中国人を救いましょう」と、そんな感じでやって、助けるべきだな。

７　今、日本に〝期待〟していること

日本の自衛隊をどう見ているか

藤井　「香港《ホンコン》を支援《しえん》したい」ということで、去年の九月にアグネス・チョウさんの守護霊霊言《れいげん》を出しました。そのなかで、「自衛隊を送ってほしい」とアグネス・チョウさんの守護霊が言ったところ、中国のＣＣＴＶが情報をキャッチして流したことがありました。

習近平守護霊　アグネス・チョウはさ、学生で無知なもんだからさあ、日本の自衛隊なんか何にもできないことが分かってないからねえ。あれはいけないな。

藤井　幸福の科学の情報を、非常に真剣《しんけん》に見ておられるのですか。

●アグネス・チョウさんの守護霊霊言　『自由のために、戦うべきは今―習近平 vs. アグネス・チョウ 守護霊霊言―』（前掲）第２章所収。

習近平守護霊　「自衛隊を送ってほしい」っていうのはねえ、世界の常識としては、もうジョークにしかならないんだ。日本の自衛隊を送ってもらっても、それは竹槍《たけやり》を持ってくるのとほとんど変わらない。何の役にも立たないんで。

日本の自衛隊というのは、「攻撃《こうげき》を受けたら反撃ができる」ということなんだけど、今の攻撃っていうのはねえ、ミサイルをロックオンしたら、百パーセント、確実に当たるんですよ。だから、先制攻撃をされたら全滅《ぜんめつ》するんですよ。だから、日本の自衛隊なんか香港沖《おき》に来たら、全部沈《しず》められるに決まってるじゃないですか。

そんなこと（自衛隊派遣《はけん》）ができるわけがないじゃないですか。憲法改正ができてない以上、できないんですよ、そんなものは。

藤井　公式メディアとして反応したのは、もしかしたら、それがいちばん言ってほしくないことだったからなのかなと思ったのですが。

習近平守護霊　うーん。いやあ、安倍《あべ》さんは、オマーン湾《わん》とかにねえ、しょうもない自衛隊を、「研究用」とか称《しょう》して送ったりしているけど、くだらない仕事するねえ。

われわれの敵ではないんで、もともとなあ。だからねえ、自衛隊なんかは問題ではないんだけど。要するに、「第一撃目を全部受けろ」っていうことでしょ、今のところな。だから、第一撃目でほとんど破壊《はかい》してやるよ。君たちの持ってるような武力は一撃で破壊してやるから、反撃する力がもうほとんど残ってない状態にするよ。

その前に、アメリカとの関係を壊《こわ》しておいてやるからさあ、上手に。上手に壊してやるから、楽しみにしてたらいいよ。「アメリカが中国を制裁すればするほど、どんどん中国にすり寄ってきて中国の応援をしなきゃいけないように日本を吸い寄せる」のが、基本方針なんで。ええ。

藤井　「日米同盟を壊す」というのは、具体的にはどういうことなのでしょうか。

習近平守護霊　いやあ、それは、日本の景気、経済成長をねえ……。

今のままで、あなた、ＡＩが判定する日本の未来はねえ、「世界経済第三位から、二十何位まで落ちる」っていうことになってるからね。世界の一位は中国で、次がインドになって、アメリカが三位ぐらいになって、日本は二十何位まで落ちる。

だから、もう本当に小さな国なんだよ。君たちは、早く死ねないのは残念だな。ウイルスに罹《かか》って、肺炎《はいえん》になって死んだほうが幸福なんじゃないか、もしかしたら。

安倍《あべ》総理、小泉環境《こいずみかんきょう》大臣、二階《にかい》幹事長をどう見ているか

市川　統計は過去のものだと思いますので、未来は私たち自身の手でつくれると思います。

習近平守護霊　いや、君らは、「と思います」が付くんだ、最後にな。「……と思います」「未来は、自分たちの手でつくりたいと思います」。

私はねえ、最高権力者なので、未来は、粘土《ねんど》を混ぜるように、どうにでもつくれるんです。ほとんどもう「全智全能《ぜんちぜんのう》の神」と変わらない存在なんですよ、ほぼ。だから、後《のち》の世には「神」と呼ばれるはずなんです。「二十世紀から二十一世紀に現れた、中国の神。それが、実は全智全能の神であり、人類を導いた」と、そういうふうにする予定なんで。

市川　ちなみに、「今、安倍《あべ》総理に期待すること」は何でしょうか。

習近平守護霊　まあ……、そうだねえ。まあ、香港や台湾を見事に冷たくあしらってくれているから。これは世界の流れに反しているけど、何ともとぼけた、この国際感覚のなさは、実に素晴《すば》らしいわなあ。今後も、そういう感じでいってほしいとは思ってるな。

あとは、そうだなあ、安倍総理は、そうだねえ、うーん……。まあ、アジアのところがなあ、ちょっと取り合いになるところがあるんだろうけど、今、ほかにもいいのが出てるじゃないの。次の総理候補で、小泉進次郎《こいずみしんじろう》とかいう若手が出てねえ。「ベトナムに石炭の火力発電を輸出するのは間違《まちが》いだ。やめさせろ」とか、環境《かんきょう》大臣が言ってたじゃない。

実にいい環境大臣じゃないか。こいつに任せたら日本は滅《ほろ》びるわ、本当に。絶対、総理を目指すべきだね。頑張《がんば》るべきで、応援したい。絶対、環境問題で日本を滅ぼしてくれるわ、こいつは。素晴らしい。

そうしたらねえ、中国が石炭で発電した電力をねえ、日本に分けてやるから。海底

●ベトナムに石炭の……　小泉進次郎環境大臣は、日本企業がかかわる「ベトナムの石炭火力発電所の建設計画」について、最終的には容認する考えを示したものの、反対の立場を表明していた。

ケーブルで送ってやるから。日本は属国になってるだろうから、そのときには、こちらから電力を送るから。

あと、ゴビ砂漠《さばく》での「風力発電」や「太陽光発電」等を大規模にやって。孫正義《そんまさよし》等にやらしたやつをね、海底ケーブルで送って。

日本は、電気は全部、中国やモンゴルあたりにだいたい支援してもらって。ドイツがフランスに電力を送ってもらうのと同じような状態になって、二度と再び牙《きば》を剝《む》かないようなかたちになったらいい。

〝小泉の父ちゃん〟もいいよ。「こうしたら原発ゼロになる」って言い続けているんだから。日本の総理であった人が、ああいうふうになるっていうのは、日本にも、〝認知症《しょう》ウィルス〟っていうのが、今、流行《はや》ってるんじゃないか。

及川　なるほど。よく分かりました（苦笑）。
今、小泉親子と安倍総理の話が出ましたが、おそらく日本の国民が訊《き》きたい人として、もう一人、自民党の幹事長で、二階《にかい》氏という人がいます。どういう印象をお持ちでしょうか。

習近平守護霊　あれ？　生きてんの、あれ。

及川　まだ生きています。

習近平守護霊　生きてるの？　あれ。

及川　お元気です。

習近平守護霊　あ、生きてるの、あの人。生きてんのか、あれまだ。あ、そうなの。生きてるんだ。

いやあ、中国にすごくいいことを、いつも考えてくれているから、本当に、もうすでに天国に還《かえ》った神様かと思ったわ。仏様かと思った。うん。

だから〝お礼〟にねえ、和歌山にもウィルスを送っといたから。コロナウィルスをなあ。和歌山にもちょっと送ってやらないと、申し訳ないからなあ。分けといたから。

『中国発・新型コロナウィルス感染 霊査《れいさ》』は「不可解な本」？

藤井　そろそろお時間なんですけれども。

習近平守護霊　ああ、そう。

藤井　今日は「弁明《べんめい》」ということでしたが、趣旨《しゅし》は達せられたのでしょうか。

習近平守護霊　何か伝わったものがあるかなあ。

だから、とにかく、私の判断や行動によって起きたものは何一つなくて、すべてはねえ、陰謀《いんぼう》か事故か、そういうもので起きたものであるので、あんまり早く結論づけないで、自然に治って、また良好な関係が続くように願ってほしい。

君らの宗教も、宗教の本道に戻《もど》って、「中国に恩返しをしよう。今こそ、中国仏教から受けた多大なる支援をお返ししよう。人的援助、物質的援助、金銭的援助、あらゆる援助でもって中国に報恩《ほうおん》しよう」と。

そうしたら、甦《よみがえ》る中国は、日本を温かく、電力供給その他で護《まも》ってくれることだろうし、「日本のいろんな工業が続くように、日本の息の根を止められるようになっている部品工場等も製品を提供してやろう」と、そういうふうに思っとるわねえ。恐《おそ》れているのは、「天皇皇后にコロナウィルスをうつされたら困る」っていうことなんでしょう？

それは潜伏《せんぷく》期間があるからねえ。それは分からんけどねえ。でも、行かなくても、うつるかもしれないし。そういうことはできるからさ。

君らは、ちょっと、（『中国発・新型コロナウィルス感染 霊査《れいさ》』を手に取って）不可解な本を出して、よくないね。これでカバーできたかなあ、昨日《きのう》の夜のやつは。

藤井　「今いちばん気になっているのは、この本だ」ということですね、やはり。

習近平守護霊　いや、これね、ちょっと不可解でしょう。みな意味不明だから。解説が必要だ。

藤井　きっと中国人の方も読まれることになると……。

習近平守護霊　私の判断は、「宇宙人がどうのこうの」っていうのは違うんであって、本当は、これはドローンだと思うんですよ。

「細菌《さいきん》兵器みたいなものを積んでるドローンを、日本が秘密裡《り》に開発しているんではないか」と思っている。「政府がそれを使ったら日中国交に悪影響《あくえいきょう》が出るから、秘密ルートで自衛隊から幸福の科学に渡《わた》って、幸福の科学のゲリラ部隊がそのドローンを飛ばしているんじゃないかなあ」って、そういうのが私の推測なんだよ。

藤井　今日のお話をきっかけに、中国の方もたくさん、このコロナウィルス霊査の本を読まれると思います。ありがとうございます。

習近平守護霊　うーん。わしは得をしたのか、損をしたのか、よく分からないんだが。

市川　「弁明」というよりも、「責任のなすりつけ」に来られたような感じがするのですが。

習近平守護霊　（及川を指して）彼は〝いい人〟だよ。彼はねえ、非常に国際的感覚を持っていて、中国の人も、彼は支持すると思うなあ。

（及川を見て）君、中国に帰化しないか、何なら。口も立つし、他人《ひと》のせいにするのがすごくうまいだろう？　だから、「原因は自分のせいじゃない」って、「あっちが悪い」って、君、できるでしょう？　嫌《きら》いな人は「嫌い」って言えるでしょう？

及川　今日の習近平主席の守護霊の弁明が本になって日本で出版されると、多くの日本人が習近平主席の本音を知って、日本国民はみな習近平主席の国賓《こくひん》来日に反対するようになると思うので、たいへんよかったと思います。ありがとうございました。

習近平守護霊　いやあ、私は先ほど降りてくる前に、〝いい報告〟として、「今日、政党（幸福実現党）から来ている及川さんという人は、とっても善人で、『みなさん手洗いをしっかりして、マスクをいっぱい買って着けましょう』って運動をやっている」と。「『中国の人も助けましょう』と言ってくれている」って言うから、それは、いい人だなあと……。

及川　その情報は確かではないですね。

習近平守護霊　そうではない？　君は、だから、殺菌用の消毒剤《しょうどくざい》とマスクをたくさん持って、中国に来なきゃいけないでしょう。それが、君ねえ、政治運動の本質だよ。そうすればねえ、君、君たちの政党だって存在できるんだよ。それがいいと思う。だから、犯罪行為《こうい》があったなら早く認めて、素直にみんなに、世界にお詫《わ》びをして、「今後、二度とこういうことはしませんので、友好関係を取り戻しましょう」と言ったらいいと思うなあ。

藤井　今後も、コロナウィルスの件については、全世界が注目していると思います。今日は貴重な情報を頂きまして、ありがとうございました。

市川・及川　ありがとうございました。

8 「習近平氏が弱っていること」が判明した今回の霊言《れいげん》

中国のバブル経済は崩壊《ほうかい》寸前

大川隆法 （手を二回叩《たた》く）うーん、ちょっとよく分からなくなってきました。（聴聞《ちょうもん》席の大川紫央《しお》・幸福の科学総裁補佐《ほさ》に）どうですか。昨日《きのう》の夜中の霊言《れいげん》と比べて、意見がだいぶ変わっていますか。こちらも少し〝ボケて〟いたので、論理性があるかどうかが分からないのですが、昨日の夜、聴《き》いた感じと……。

大川紫央 同じようなことをおっしゃっていたと思います。

大川隆法 言っていましたか。同じようでしたか。

藤井　悩乱《のうらん》されている……。

大川隆法　悩乱している。まあ、悩乱はしていました。確かにパニックはしていましたが、昨日は、「いや、こんなに弱気なのか」という感じが少しあったような気がします。

大川紫央　ただ、やはり支離滅裂《しりめつれつ》だった気がします。

大川隆法　支離滅裂だった。それはそうです。たぶん、どうしたらよいかが分からないのでしょう。

藤井　客観情勢として、「終わりが近づいている」ということなのかもしれません。

大川隆法　中国は結局、貿易とか観光とか、けっこう内需《ないじゅ》、すなわち内部の消費活動で経済をだいぶ膨《ふく》らませていて、それ以外は「バブル経済」で、不動産投資とか建設とか、いろいろとニーズがないものをつくったりして経済を膨らませているので、これが全部幻《まぼろし》になる寸前なのです。うーん、馬脚《ばきゃく》が露《あら》われるか。

エンゲルスのほうは、昨晩のもの（本書第3章参照）で、もういいですか。あちらも〝内部分裂〟ですね。「中国の共産主義は共産主義ではない」と批判していたので、少しおかしいのはおかしいのです。「これで本来の共産主義に戻《もど》る」と言って喜んでいました。「共産党ウィルス」「エンゲルスウィルス」……、うーん、よく分からないのですが。

新型コロナウィルスは、少子高齢《こうれい》化対策の一つだったと思われる

大川隆法　これは、軍も困るでしょうね。人が集まっているので、集団でうつる可能性があります。

また、中国だけ、見事に感染者数が非常に多いのです。おそらく八十歳《さい》以上の人と障害者を殺すことを考えてつくったウィルスなのだろうと思います。

宇宙人云々《うんぬん》の話については、証拠《しょうこ》・確認はなかなか出せません。

ただ、今日の霊言のなかで、「八十歳以上の高齢者《こうれいしゃ》が死にやすいウィルス、障害者が死にやすいウィルス、免疫《めんえき》を持っていないような人が死にやすいウィルスを研究し、開発していた。そして、必ずしも外国の敵に対して使うものではなかった」というようなことを言っていたので、これが、中国の少子高齢化対策の一つであったのかと思われます。

もしかしたら、準備ができていれば、ウイグルなどで実験をする気だったのではないでしょうか。病気なので、区域を絞《しぼ》ってやったら分からないでしょう。「何か新しい感染症《しょう》が流行《はや》っているらしい」というぐらいで、「殺した」とは分からないですよね。

藤井　はい。「ナチス的だ」というところは、十分証明になったのではないかと思います。

大川隆法　分かったことは分かりましたか。

藤井　はい。

大川隆法　日本政府は、保守系・右寄りタカ派といわれているような人たちがいたのに、中国寄りになっていて、一方、言論人のほうは、保守・タカ派の人たちが反中国のようになっていて、保守系も割れている状況《じょうきょう》にはなっています。

そして、「人権問題」が出てくると、朝日新聞や東京新聞系も少し悩乱し、分からなくなってきているようです。思想的には、非常に混線している状態かと思います。

目論《もくろ》んでいたことが全部できなくなってきつつある中国

大川隆法　これでも参考になるならよいでしょう。結論は出ませんでしたが、「頭が悩乱しているらしい」ということだけはよく分かりました。

中国の人は、あの世のことが分かりません。公式には、霊も存在せず、死後の世界もないことになっていますし、宇宙人についても、あるやらないやら、よく分からない状態なのだろうと思います。すべて情報公開をしたら、国家が崩壊《ほうかい》するレベルになっているのです。

ですから、こういう霊言も、少しずつではありますが、情報公開の一部になるかもしれません。

とにかく、弱っていることだけはよく分かりました。

そして、なぜか、彼らが目論《もくろ》んでいたことが全部できなくなってきつつあることだけは確かです。

「香港《ホンコン》・台湾《たいわん》に対する威嚇《いかく》と支配もしにくくなっているし、日本に対する威圧と、それから、日本を取り込《こ》んでいって、臣下の礼をとらせようと思っていたのが、だんだんできなくなっていこうとしている」ということも分かりました。

今、日本に必要な〝ジャパン・ファースト〟

大川隆法　あとは、今後、中国で、ウィルスが減るよりも、経済的に急降下した場合に、日本として生き残れるように考えなければいけません。

例えば、何かの製品をつくるための部品について、中国での生産に百パーセント委《ゆだ》ねているところは危険です。やはり、できれば、日本の人口が減っているような地方等に工場を建て、人件費は少し高いかもしれませんが、町おこし等をやったほうがよいでしょう。日本も〝ジャパン・ファースト〟を少しやらないといけないのではないでしょうか。

トランプ大統領が、石炭産業や自動車産業を復活させたように、日本も、人が減っている地方に産業を興《おこ》さないといけないでしょう。そういうことをやらなければ駄目《だめ》なのではないかと思います。

あまり、すっきりした霊言にはなりませんでした。

中国は全人代《ぜんじんだい》の延期を決定しましたが、今の段階で「日本に来ない」ということを発表したら、負けを認めることになります。もし、日本が「来てくれるな」と言ったら、たぶん日本のほうが、中国に対して負い目を持つことになるでしょうが、中国が先にカードを切ったら、中国が〝負け〟を認めたことになるのでしょう。そういう厳しいものがあるのだと思います。

今は、大相撲《おおずもう》ができないことになるかもしれないと言われていますし、サッカーの試合やコンサートができないレベルですが、どうなのでしょうか。何人ぐらい来るのか分かりませんけれども。

「二〇二〇年は危機からの出発」が意味すること

大川隆法　また、今は、北京《ペキン》市内での感染率や致死率《ちしりつ》がよく分かりません。情報を出さないからですが、本当はひどいのではないかと思います。全人代を延期するというのは、「さらに流行るのは怖《こわ》い」ということなのでしょう。

どのようになるかは、もう少し見ないと分かりませんが、中国の「バブル的な発展」というか「攻撃性《こうげきせい》」が、少し弱まってきているようには感じられます。この話題については、追ってまた、状況が変化した段階で追究することはあるかと思います。

あと、「コロナウィルスに続いての第二弾《だん》、第三弾がまだある」というようなことも聞いています。それを言った方は、今年の一月三日、「中国のほうで、自然現象に

●コロナウィルスに続いての……　『中国発・新型コロナウィルス感染 霊査』（幸福の科学出版刊）参照。

見せて、大変なことが起きる」というようなことも言っていました。何が起きるのかなと思っていたのですが、そのとおりになったので、さらに何かが来るかもしれません。

日本もまた、完全に無傷ではないようで、何かが日本にも来るかもしれません。二〇二〇年の始まりは、けっこう危機からの出発であり、そんなに甘《あま》くはありません。ただ、それは、ある意味では、「ザ・リアル・エクソシストからの繁栄《はんえい》を目指さなければいけない」「悪魔祓《あくまばら》いをしなければ、ストレートな繁栄は目指せない」ということかと思っています。

では、以上です。

藤井　はい。ありがとうございました。

第2章

習近平守護霊《しゅうきんぺいしゅごれい》の霊言《れいげん》

――事前霊言――

二〇二〇年二月二十六日　収録

幸福の科学　特別説法堂《せっぽうどう》にて

質問者

大川紫央《おおかわしお》（幸福の科学総裁補佐《ほさ》）

［役職は収録時点のもの］

1　中国に打撃《だげき》を与《あた》えた新型コロナウィルス

「反論」をしたくてやって来た習近平《しゅうきんぺい》氏守護霊《しゅごれい》

（編集注。背景に大川隆法総裁の原曲、エンゼル精舎《しょうじゃ》・子守唄《こもりうた》「スーパーマンもネンネする」がかかっている）

大川紫央　どなたですか。

習近平守護霊　はあーっ。（約十秒間の沈黙《ちんもく》）はあーっ。（約十秒間の沈黙）はあっ！　はあーっ！（約五秒間の沈黙）この音楽は……、何なんだ？　この音楽は。

大川紫央　この音楽のどこに反応しているんですか。

習近平守護霊　ええ？　何だ？

大川紫央　これにも法力《ほうりき》が入っているんです。

習近平守護霊　何なんだ？　これはいったい。

大川紫央　あなたは何なんですか。

習近平守護霊　「ネンネ」とか、そう言われると、寝《ね》てしまうじゃないかあ。

大川紫央　寝たいんですね？

習近平守護霊　いやあ、寝たら、まあ……。

大川紫央　あなたは誰《だれ》ですか。

習近平守護霊　うーん、ああ……。

大川紫央　あなたはどなたですか。

習近平守護霊　うーん……。

大川紫央　「ネンネ」したくない人ですか。

習近平守護霊　うーん……。（約五秒間の沈黙）うーん……。（約五秒間の沈黙）うーん……。

大川紫央　何を言いに来たんですか。

習近平守護霊　ええ？

大川紫央　何を言いに来たんですか。

習近平守護霊　コロナウィルスなあ……。

大川紫央　だから、何ですか。

習近平守護霊　困ってるんだって……。

大川紫央　どういう立場でですか。

習近平守護霊　ええ?　困ってるんだってば。

大川紫央　だから、どの立場であなたは困っているんですか。

習近平守護霊　あなたがたは、なんか、責任があるんだろうが？

大川紫央　いえ、あなたに責任があるんでしょう？

習近平守護霊　コロナウィルスは困るんだよなあ……。

大川紫央　あなたは誰ですか。安倍《あべ》さんですか。誰？

習近平守護霊　はああ……（ため息）。もう、夜も寝れないんだよ。

大川紫央　あまり時間がないので……。

習近平守護霊　「ネンネ」できないんだ。

大川紫央　あなたはどなたですか。安倍首相ですか。

習近平守護霊　うーん……。

大川紫央　菅官房長官《すがかんぼうちょうかん》ですか。

習近平守護霊　うーん……。

大川紫央　厚生労働大臣ですか。

習近平守護霊　うーん……。

大川紫央　誰ですか。自分の名前が分からないんですか。

習近平守護霊　（約五秒間の沈黙）〝いちばん困っている人〟というのは……。

大川紫央　習近平主席ですか。

習近平守護霊　うん、うーん……。まあ、そういうことになるんじゃないのかなあ。

大川紫央　わざわざ、中国からここまで来られたんですか。

習近平守護霊　ちょっと、あれ、正式に一冊ぐらい反論させろよ。

大川紫央　いえ、もういいです。〝共産党ウィルス〟ですから。

習近平守護霊　そういう言い方はないでしょう。

大川紫央　いえ、悪いのは中国共産党です。

習近平守護霊　共産党は、一九四九年には成立しておる。

大川紫央　そうであれば、「五千年の歴史」などとは言えないですね。

習近平守護霊　まあ、いや、困ってるわ。進退窮《きわ》まってるから。

大川紫央　〝困るためのコロナウィルス〟になっているので。

習近平守護霊　いや、そういう意地悪をする必要はないじゃない。仲良くすりゃいいじゃないか。

大川紫央　仲良くしたいんですけど、中国はコロナウィルスなどがなかったら、海外で仲良くするのではなくて支配しようとするでしょう？

前代未聞《ぜんだいみもん》の全人代《ぜんじんだい》延期で、進退が窮《きわ》まっている

習近平守護霊　全人代《ぜんじんだい》がな、延期になったって、ほんと、前代未聞《ぜんだいみもん》ですよ、こんなの。

もうコロナウィルスで全人代が先延ばしで。こんなの前代未聞だからなあ。

大川紫央　全人代で討議しても、その情報は、正しいか分からない情報ばかりではないですか。

習近平守護霊　それよりは、ウィルスが怖《こわ》くて、みんな来れないんだから、もう。

大川紫央　北京《ペキン》はどうですか。

習近平守護霊　いや、北京のそれだけは絶対漏《も》らすわけにはいかんので、ええ。

大川紫央　そういう情報統制の体制を改めたほうがよいのではないですか。

習近平守護霊　まあ、少なくとも、全中国で八万人いることは、もう発表しているんだから。

日本には国賓《こくひん》で行かなければいかんのに、全人代を延ばしてしまっているから、本当に進退が窮《きわ》まってるから、まったく……。

大川紫央　個人でも病気をするときは、やはり、何か反省することがあるじゃないですか。

習近平守護霊　わし、何にも悪いことしてないじゃない。

大川紫央　確かに、今はちょっと弱っていますよね（笑）。笑ってはいけないとは思いますけれども。

習近平守護霊　何にも悪いことしてないから。こんな、完全に中国が隔離《かくり》されちゃったよ、このでかい国がさあ。

大川紫央　中国を隔離して封《ふう》じ込《こ》めていなかったら、この二月、三月に何をしようと計画していましたか。

習近平守護霊　みんな嫌《いや》がってんだからさあ。

大川紫央　何をしようとされていました?

習近平守護霊　いや、それは、香港《ホンコン》と台湾《たいわん》への弾圧《だんあつ》でしょう。

大川紫央　どういう弾圧をするつもりだったんですか。

習近平守護霊　いや、まあ、ある程度それを脅《おど》して、「国、よこせ」っていうことだよなあ。

大川紫央　香港でマスクをした人を逮捕《たいほ》しようとしていたのに、今、みんな、マスクをしないといけなくなってしまいましたね。

習近平守護霊　うん、マスクなくて困って。韓国《かんこく》もマスクなくて困っているらしいから……。

大川紫央　「国民の生命を護《まも》らなければいけない」ということを、もう少し自覚したほうがよいのではないですか。

習近平守護霊　いや、私だって、「特注のいいマスクをつくってくれ」って頼《たの》んでるから。

大川紫央　人権の意味などを、もう少し考えたほうがよいのではないでしょうか。

習近平守護霊　これは、全人代が集まれないんだから、まあ、常務委員会で、全部決めるしかない。

大川紫央　でも、全人代で何をするんですか。

習近平守護霊　いや、各地方の代表が集まってくるから、そこへ。

大川紫央　でも、偽《にせ》の情報ですよね。悪い情報は封鎖《ふうさ》されるでしょう？

習近平守護霊　いやあ、中国は民主主義なんだよ。

大川紫央　民主主義ではありませんよね。全人代で、他国への計画も考えるんでしょう？

習近平守護霊　日本の安倍首相だって困ってるんだからさあ。「中国に緩《ゆる》すぎる」って責められて。

2　新型コロナウィルスは、なぜ発生したのか

中国側の「殺す」という思いがウィルスを悪霊《あくりょう》化させている

大川紫央　なぜ、ここに来るんですか。

習近平守護霊　ここに来るって……。おまえらは、その、コロナウィルスが……。何て言ったんかいなあ？

大川紫央　「共産党ウィルス」？

習近平守護霊　いや、「コロナウィルスは、うちがやってます」って言ったのと違《ちが》うかなあ。

大川紫央　言っていないですよ。

習近平守護霊　「うちがやってる」って言っただろうが？

大川紫央　やっていません。香港《ホンコン》や台湾《たいわん》をはじめとして、ウイグルも含《ふく》め、中国側の「殺す」という思いが、普通《ふつう》に存在しているウィルスを悪霊《あくりょう》化させて、悪いウィルスに変化させて、人体に悪影響《あくえいきょう》を及《およ》ぼしているんですよ。だから、〝自分のほうに返ってきてしまった〟わけです。

習近平守護霊　私のような、こんな〝澄《す》み切った心〟を持っている指導者は……。

大川紫央　もしくは、武漢《ぶかん》で生物兵器を研究していたのが、自分のところで漏《も》れたのではありませんか。

習近平守護霊　うーん……。目に見えないからねえ、それは分からないよねえ。

大川紫央　自分たちがやっていることの恐《おそ》ろしさを、まず自分たちで経験しているのではないですか。

習近平守護霊　まあ、こういうふうになるわな、それはな。そのためにつくっているんだからさ。いちばん悪性じゃなかったんだがなあ。そんな真相なんか発表できるわけないじゃないか。

大川紫央　真相は何ですか。

習近平守護霊　ええ？　まあ、〝自然に発生〟したことになってるから。

大川紫央　真相は？

習近平守護霊　だから、市場《いちば》で発生したことになっているんだから。

大川紫央　きっと、市場で発生したわけではないんですよね？

習近平守護霊　だから、誰《だれ》も知らないから。見えないんだから。

大川紫央　それなら、目に見えないものを信じましょう！

「宇宙からウィルス爆弾《ばくだん》を落とされた」と勘繰《かんぐ》る習近平氏守護霊

習近平守護霊　いや、あんたがたが宇宙からなんか持ってきたのと違うの？

大川紫央　いえいえ。習近平さんは宇宙人の存在を信じているんですか。

習近平守護霊　ええ？　宇宙からウィルス爆弾《ばくだん》を落としたの違うの？

大川紫央　日本にそんな兵器があるわけがないじゃないですか。これだけ軍事で後《おく》れているのに。

習近平守護霊　いや、日本になくても、宇宙ではあるかもしれないじゃないか。

大川紫央　あるわけがないじゃないですか。

習近平守護霊　うーん。

大川紫央　だいたい、日本の大学では軍事研究ができないですし。

習近平守護霊　北朝鮮《きたちょうせん》はなんか細菌《さいきん》兵器を持っているんだから。

大川紫央　北朝鮮も今、必死で防衛していますね。

習近平守護霊　韓国《かんこく》に広がってるからなあ、うーん……。

これ、中国はもう、全部に嫌《きら》われるじゃないか。まずいじゃないか、これ。

大川紫央　ですから、体制のあり方を考えて、習近平さんが、もう少し統治の仕方を改めたらいいんじゃないですか。

習近平守護霊　もう八万人罹《かか》ったんだから、もういいだろう！　何かそれ、コントロールできるんだったら、もうそろそろ終わりにしてくれよ。

大川紫央　いえ、「コントロールできる」というのは、幸福の科学は信仰心《しんこうしん》で光を得られるので、「神仏とつながることで、コロナウィルスを撃退《げきたい》できる」ということです。

習近平守護霊　そういうねえ、〝文学的な言い回し〟はやめてほしいんだよ。

大川紫央　いや、中国の気功《きこう》とかもそうでしょう？

●神仏とつながることで……　法話「免疫力を高める法」「法力を身につけるには」（幸福の科学の支部、拠点、精舎で公開）等参照。また、幸福の科学の支部、精舎では、「中国発・新型コロナウィルス感染撃退祈願」も開示されている。

習近平守護霊　だから、それ、「どうにかできる」っていうからさあ、早くしろよ。ワクチンがもうできてるっていうことでしょ？　持ってるんでしょ？

大川紫央　いえいえ。

習近平守護霊　ワクチンを持ってるなら、ちょうだいよ。早く渡《わた》してくださいよ。

大川紫央　ワクチンはないですよ（苦笑）。

習近平守護霊　ワクチン、持ってるんだろ？　本当は。

ウィルスを研究開発し、どのように使うつもりだったのか

大川紫央　武漢で生物兵器を研究するのであれば、一緒《いっしょ》にワクチンもつくっておかないと。

習近平守護霊　いや、そんなもの、関係ないよ。

大川紫央　だって、もし、つくっている人が感染したらどうするんですか。

習近平守護霊　つくってる暇《ひま》ないから、そんなもの。いろいろな生物兵器をいっぱい開発するほうに、今、熱中してるんだから。

大川紫央　ですから、開発すること自体が悪なんですよ。なぜ、あなたに人を殺す権利があるんですか。

習近平守護霊　それは、〝悪さ〟をしている、「民族独立」を言ってるようなところに、ちょっとねえ、こういうやつを仕込《しこ》んでやる手はあったからねえ。

大川紫央　あなたも中国の民族でしょう？

習近平守護霊　いやあ、異民族がいっぱいいるからねえ。〝暴動〟をいっぱい起こすところがあるからねえ。本当は、「香港人のマスクを剝《は》ぎ取ってやろう」と思って、「こんなウィルスがあるといいな」と思いついたんだけどねえ。

大川紫央　ほら、今、怖《こわ》いことを言った。

習近平守護霊　だから、マスクして、みんな顔を隠《かく》して隠してするから、ウィルスを撒《ま》いてやったら、ねえ？　本当にもう……。

大川紫央　ウィルスを撒いたら、みんな余計にマスクをするじゃないですか。

習近平守護霊　あっ、そうか。余計にするのか。だけど、まあ、デモはできなくなったじゃないか。

大川紫央　でも、デモどころではなくて、中国自体が困っていますからね。

習近平守護霊　そんな、医者側だってもう、医者側もみんな病気で倒《たお》れとるんだから。

大川紫央　でも、こういうときは中国でも言うじゃないですか。「天帝《てんてい》の意志」で、「天意」が働いているんですよ。

習近平守護霊　はあ……（ため息）。

大川紫央　「中国は海外に対して目を向けるのではなくて、もっと自国の内部に目を向けて、いろいろなことを考えなければいけない」と言われているということです。

習近平守護霊　武漢だって一千百万人いるんだからさあ。これだったら、ほとんど東京を封鎖《ふうさ》するようなものなんだからさあ。もう大変なんだからさ。はああ……（ため息）。

3　今、習近平氏守護霊が恐《おそ》れていること

「このままだと、習近平・安倍晋三《あべしんぞう》・文在寅《ムンジェイン》はすごい被害《ひがい》を受ける」

大川紫央　それでは、もういいですかね。

習近平守護霊　いや、「困っとる」って言ってるんだから。

大川紫央　それは、『中国発・新型コロナウィルス感染 霊査《れいさ》』を読んでください。そこに全部書いていますからね。

習近平守護霊　風の便りで、君たちが何か、「コントロールできる」と言ってるらしいっていうことだから。

大川紫央　コントロールできるのは、「コロナウィルスに罹《かか》らない」ということです。

習近平守護霊　いや、それは意味がよく分かんないな。

大川紫央　その意味が分からないのが問題なんです。

習近平守護霊　宇宙人を名乗って、何か調査したようなことを言っているとは聞いているし。

だから、宇宙人とかいうのは、これ、ドローンか何か飛ばして、これにウィルス兵器を仕《し》込《こ》んだのと違《ちが》うのかなあ。「ドローンから落とす」という手があるから。これじゃないかなあ。

大川紫央　幸福の科学もそうですけれども、日本自体が今、そこまで科学は進歩していませんから。

習近平守護霊　いや、だから、安倍《あべ》政権も倒《たお》れるよ、これ。もうすぐ、これ。もう消費税を上げて景気が悪いのに、さらにこれで、コロナウィルスで次々ともう、外国の客は来ないわ、東京オリンピックだってもう、風前《ふうぜん》の灯《ともしび》なんだから、このままじゃ。

大川紫央　でも、しかたがないんですよ。やはり日本も、日本国内での経済の好景気を目指さないと。

習近平守護霊　いや……。

大川紫央　中国の観光客ばかりを頼《たよ》っていたら、今後は危ないですし。

習近平守護霊　このままだったら、習近平、安倍晋三《しんぞう》、それから文在寅《ムンジェイン》、三人がみんなすごい被害《ひがい》を受けることになる。

大川紫央　知らないですよ。また私たちがそういうことを言っているように思われると、困るんですけれども。それは、あなたの意見でしょう？

習近平守護霊　いや、おまえたちが仕掛《しか》けたんだろ？

大川紫央　いえいえ、それは習近平氏の意見でしょう。

恐《おそ》ろしいのは「国賓《こくひん》で呼ばれて、皇居で捕《つか》まえられること」

習近平守護霊　宇宙は、それは宇宙人なんか、いるんだかいないだか、私は知らんけどさあ。だけど、「空から」と言っているんだろうから、まあ、ドローン攻撃《こうげき》がいちばん妥当《だとう》な攻撃だよなあ。それは可能。

大川紫央　でも、それだけ唯物論信仰《ゆいぶつろんしんこう》なんですから、ウィルスは信じるでしょう？

習近平守護霊　それはありますよ、もう。

大川紫央　ですから、そういうウィルスがあったんです。

習近平守護霊　だから、安倍君はだねえ、オマーン湾《わん》まで自衛隊を派遣《はけん》してんだからさあ。それは沖縄《おきなわ》の近辺の船からドローンを夜に飛ばして、細菌《さいきん》を撒《ま》けば、ウィルスを撒けば、それはできるんじゃないかなあ。

大川紫央　日本がそのくらい強気なら、おそらく習近平氏を国賓《こくひん》として呼ぼうとはしないのではないですか。

習近平守護霊　いやいや、もっと恐《おそ》ろしいことを書いて……。「国賓で呼んで、皇居で捕《つか》まえる」って書いてるっていうのが入ってきているんで。

大川紫央　でも、このままいくと、習近平氏はヒットラーよりも大勢の人を殺してしまいますよ。それでいいんですか。

●国賓で呼んで……　『新しき繁栄の時代へ』（前掲）参照。

習近平守護霊　それはね、君ねえ、世界の世論《せろん》から見て、そんなことはありえない。

大川紫央　ウイグルの人など、みんな恐怖心《きょうふしん》でいっぱいですよ。

習近平守護霊　ウイグルの人らは死んだあと地獄《じごく》に堕《お》ちて、それは悪霊《あくりょう》になるんだろうが。

大川紫央　それはひとえに、習近平氏への恐怖心から、天国へスッと還《かえ》れないかもしれないですよね。

習近平守護霊　イスラム教自体が「悪魔《あくま》の教え」だから、それは全員、天国に還れないよね。

大川紫央　では、仏教は？

習近平守護霊　仏教は、まあ、いいんじゃないか。うーん。

大川紫央　あっ、そうなんですか。

習近平守護霊　昔の仏教はいい。うーん。

大川紫央　それでは、仏陀《ぶっだ》を信じる？

習近平守護霊　まあ、「中国化した仏教」はいい。

大川紫央　「中国化した仏教」とは、要するに、どういうことなんですか。

習近平守護霊　中国で、中国人が〝リニューアル〟した仏教はいい。

インドなんかはねえ、トランプさんが行くのに十一万人も集めてねえ、大歓迎《だいかんげい》をやっちゃったりして。本当に、コロナをものともしないでやってる。

大川紫央　インドとアメリカが仲良くなるのはいいことです。

「頭を下げるから、そろそろやめてくれないだろうか」

習近平守護霊　いや、どうにかしてよ。

大川紫央　でも、習近平さんは世界皇帝《こうてい》なんでしょう？

習近平守護霊　いや、君たちが「コロナウィルスをコントロールできる」と言ってると聞いてるんだからさ。

大川紫央　えっ？　でも、共産党政権の全体主義体制は強いのではないですか？

習近平守護霊　全体主義は、全部に感染するから困る。

大川紫央　全体主義体制は〝いちばんいい体制〟なんですよね？

習近平守護霊　いや、全員がコロナウィルスを平等に持たなきゃいけなくなる。それはいけないですよ。

大川紫央　では、全体主義体制について、もう一度、考え直したらいかがでしょうか。

習近平守護霊　いや、今のところ、年寄りと障害者が先に死ぬから、まあ、それはいいんだけど。

まあ、経済が悪くなるのはよくない。いや、自動車工場も動かないから、ねえ？　日本の自動車会社も部品が来ないから、休業がどんどん流行《はや》って、日本全体は不況《ふきょう》になる、このままでは。

大川紫央　日本人も、もう一回、「自分たちのあり方」を見つめ直さないといけないんじゃないですかね。

習近平守護霊　いや、君が怒《おこ》って、これを広めてるんだったら、いやあ、まあ……、頭を下げるから、そろそろやめてくれんだろうか。

大川紫央　いえ、私たちが送ったわけではないので。あなたたち自身の悪い想念が中国国内に広まりすぎた結果なんですよ。

習近平守護霊　八万人でも大変なのに、これ、百万人とか三百万とか行くかもしれないので。これからあと、増えるのは簡単なんで。

大川紫央　やはり、「中国のあり方」を見直したほうがいいのではないですか。こういう事態が起こったときに、今の「情報統制型」だと後手後手《ごてごて》に回って、対策を打てないのではないですか。

習近平守護霊　そんなことは考えないで、ただただウィルスとの戦いだけをやってるんだから、これ……。それはねえ、最初に一、二カ月遅《おく》れたのは事実だけれども。

大川紫央　まあ、ウィルスとだけ戦っているんでしたら、「世の中は、科学万能《ばんのう》の唯物論だけでできているのではない」ということを知って、人間の傲慢《ごうまん》さを改めたほうがいいのではないかと思います。世界には、まだ人間が知らない、いろいろなものが数多く存在しているんです。

習近平守護霊　いや、中国も衛生状態は、まだそんなによくはないからね。だから、そんな消毒したりね、みんなあんまりしないしね。うーん。

大川紫央　ですから、人間も含《ふく》めて、勝手に偶然《ぐうぜん》にすべてが出来上がって、この世界が回っているわけじゃないんですよ。

習近平守護霊　トイレットペーパーなんかも贅沢品《ぜいたくひん》だからね、だいたい。うーん。いやあ、参ったなあ……。

大川紫央　それでは、今、ここには、習近平さんの守護霊様以外にどなたかいらっしゃいますか。お一人でよろしいですか。

大川隆法　「スーパーマンもネンネする」で来るか。うーん、まあ……。

大川紫央　（笑）「スーパーマンもネンネする」。

大川隆法　情けない。情けない。

大川紫央　やはり、（習近平氏は）眠《ねむ》れないんでしょうね。

大川隆法　「眠れない」と。

「霊言現象《れいげんげんしょう》」とは、あの世の霊存在の言葉を語り下ろす現象のことをいう。これは高度な悟《さと》りを開いた者に特有のものであり、「霊媒現象《れいばいげんしょう》」（トランス状態になって意識を失い、霊が一方的にしゃべる現象）とは異なる。外国人霊の霊言の場合には、霊言現象を行う者の言語中枢《ちゅうすう》から、必要な言葉を選び出し、日本語で語ることも可能である。

なお、「霊言」は、あくまでも霊人《れいじん》の意見であり、幸福の科学グループとしての見解と矛盾《むじゅん》する内容を含《ふく》む場合がある点、付記しておきたい。

郵便はがき

料金受取人払郵便

赤	坂	局
承		認

7468

差出有効期間
2021年10月
31日まで
(切手不要)

1 0 7 - 8 7 9 0

112

東京都港区赤坂2丁目10−8
幸福の科学出版(株)
愛読者アンケート係 行

ご購読ありがとうございました。
お手数ですが、今回ご購読いただいた書籍名をご記入ください。

書籍名

フリガナ お名前	男・女	歳
ご住所 〒 都道府県		
お電話( ) —		
e-mail アドレス		
ご職業 ①会社員 ②会社役員 ③経営者 ④公務員 ⑤教員・研究者 ⑥自営業 ⑦主婦 ⑧学生 ⑨パート・アルバイト ⑩他( )		
今後、弊社の新刊案内などをお送りしてもよろしいですか? (はい・いいえ)		

愛読者プレゼント☆アンケート

ご購読ありがとうございました。
今後の参考とさせていただきますので、下記の質問にお答えください。
抽選で幸福の科学出版の書籍・雑誌をプレゼント致します。
（発表は発送をもってかえさせていただきます）

1 本書をどのようにお知りになりましたか？

① 新聞広告を見て ［新聞名： ］
② ネット広告を見て［ウェブサイト名： ］
③ 書店で見て　④ ネット書店で見て　⑤ 幸福の科学出版のウェブサイト
⑥ 人に勧められて　⑦ 幸福の科学の小冊子　⑧ 月刊「ザ・リバティ」
⑨ 月刊「アー・ユー・ハッピー？」　⑩ ラジオ番組「天使のモーニングコール」
⑪ その他（ ）

2 本書をお読みになったご感想をお書きください。

3 今後読みたいテーマなどがありましたら、お書きください。

ご感想を匿名にて広告等に掲載させていただくことがございます。ご記入いただきました個人情報については、同意なく他の目的で使用することはございません。

ご協力ありがとうございました！

第3章　エンゲルスの霊言《れいげん》

二〇二〇年二月二十六日　収録

幸福の科学　特別説法堂《せっぽうどう》にて

フリードリヒ・エンゲルス（一八二〇～一八九五）

ドイツの経済学者、哲学者《てつがくしゃ》、社会主義者。マルクスと共にマルクス主義を創始したことで知られる。一八四四年、マルクスと意気投合し、四八年に『共産党宣言』を共同で執筆《しっぴつ》。同年三月革命に失敗した後《のち》はマンチェスターで実業に就《つ》き、マルクスに経済的援助《えんじょ》を与《あた》えた。マルクス没後《ぼつご》は、その遺稿《いこう》を整理して『資本論』第二、第三巻を刊行。著書に『空想より科学へ』『家族・私有財産・国家の起源』などがある。

質問者

大川紫央《おおかわしお》（幸福の科学総裁補佐《ほさ》）

［役職は収録時点のもの］

1　新型コロナウィルスを「天罰《てんばつ》」とするエンゲルス霊《れい》

「まもなく世界に大恐慌《だいきょうこう》が起きる」

大川隆法　ほかに誰《だれ》かいますか。

（約十五秒間の沈黙《ちんもく》）

エンゲルス　うーん……。うん、エンゲルスです。

大川紫央　えっ？　エンゲルス？

エンゲルス　うん。

大川紫央　「マルクス・エンゲルス」のエンゲルスさん？

エンゲルス　うん。

大川紫央　ピケティさんにつながる方ですか？

エンゲルス　うん、うん、まあ。うーん。まあ、これでね、世界に「大恐慌《だいきょうこう》」が起きる。まもなくな。だから、〝資本主義による成功〟は終わるから。

中国が今、邪道《じゃどう》に入ってなあ、共産主義のくせにね、〝資本主義のまね〟してやってるからさ。「共産主義」と言いながら資本主義をやってるので、こういう〝天罰《てんばつ》〟を受けてだな、「本来の共産主義に戻《もど》らないといかん」ので。

大川紫央　（苦笑）

エンゲルス　世界が大恐慌により、資本主義は崩壊《ほうかい》して、共産主義が成立することになっとるんだ。

大川紫央　「天罰」は信じるんですか。

エンゲルス　えっ？　資本主義は、これは〝悪魔《あくま》の教え〟だから。それは〝天罰〟が来ないといかんだろう。

大川紫央　「天罰」と言うのは、ちょっと矛盾《むじゅん》していませんか。共産主義を応援《おうえん》するのに、「天罰」は信じるんですか。

エンゲルス　共産主義は〝神の教え〟だからな。

大川紫央　〝神〟は誰なんですか。

エンゲルス　「共産主義」だよ。

大川紫央　「共産主義」という神がいるんですか。

エンゲルス　そのものが神なんだよ。

大川紫央　イデオロギーが神なんですか。

エンゲルス　まあ、あえて言えば、マルクスだろうがな。「主神・マルクス」。

大川紫央　それでは、今、マルクスが天罰を下ろしているんですか。

エンゲルス　うん。まあ、やっぱり、中国の修正社会主義が間違《まちが》ってると。うーん。

大川紫央　マルクスがコロナウィルスを蔓延《まんえん》させているなら、マルクスは悪い人じゃないですか。

エンゲルス　いや、マルクスは科学者じゃないから、そういうことはできない。

大川紫央　でも、天罰なんですよね。

エンゲルス　うん。彼の思いはそうかもしれない。

大川紫央　「中国は今、純粋《じゅんすい》な共産主義になっとらん」と？

エンゲルス　うーん。マルクスこそ、今、中国に対する〝エホバの神〟になっとるんだ。

大川紫央　でも、マルクスさんは以前の霊言《れいげん》でお見受けしましたが、〝普通《ふつう》のおじさん〟でした。

エンゲルス　まあ、いいのだよ。とにかく、かたちだけあればいいのだ、神っていうのはね。かたちだけあれば。とにかく、「マルクス」。マルクスじゃなきゃ、毛沢東《もうたくとう》になるから。

大川紫央　エンゲルスさんは今、世界を見て、そのように解釈《かいしゃく》していると。

エンゲルス　うん。これからもう、心待ちにしていた大恐慌がまもなく始まるんで。

共産主義とは「平等に貧しくなること」

大川紫央　なぜ、大恐慌を心待ちにするんですか。

エンゲルス　資本主義が滅《ほろ》びるんだよね。

大川紫央　でも、今、資本主義ではない共産主義の国からコロナウィルス感染が起こっているんですよね。

エンゲルス　だから、それは資本主義化しようとして、今、失敗が起きようとしているんじゃない。

大川紫央　いえいえ。上海《シャンハイ》や香港《ホンコン》、マカオとか、そちらは資本主義ですけれども。

エンゲルス　いや、だから、それ、失敗するんだよ。これ、失敗だから。

大川紫央　でも、そこが発祥《はっしょう》ではないじゃないですか。

エンゲルス　だから、もう全部、機能が停止するから。もう貿易機能から、こんな、うーん……。まあ、そういう金持ち階級が、だんだん疲弊《ひへい》してくるから。

大川紫央　でも、中国は「情報統制型」の国なので、コロナウィルスの対策で情報開示が遅《おそ》すぎたわけです。最初に警鐘《けいしょう》を鳴らした医師ですら処罰されて、その後、感染により亡《な》くなってしまいました。それで今、「言論の自由」が叫《さけ》ばれたりしていますけれども、それはどうですか。

エンゲルス　いやあ、共産主義は、「共産主義のみが真理」で、あとは真理じゃないんで。

大川紫央　「共産主義」とは何なのですか。

エンゲルス　だから、「平等」だよ。「平等に貧しくなること」なんだよ、みんな。

大川紫央　でも、ピケティさんは、本をたくさん売って印税をもらっているじゃないですか。

エンゲルス　いやいや、それは、〝心清き人間〟だから構わないんだよ。

大川紫央　では、それは平等に分配するんですか。

エンゲルス　「金持ちから、金を貧乏人《びんぼうにん》に撒《ま》け」って言っているんだから、それはいいことをしてるわけですよ。

大川紫央　でも、印税を頂く分、あなたはその本を書くことに労力と時間を使ったんですよね。

エンゲルス　私は、それでまた新しい本を書けますから。

大川紫央　あなたは、それを多くの人にそのまま分配して、平等に配っていいんですか。

エンゲルス　いや、私なんかの収入は大したことない。それは、もっともっと大富豪《だいふごう》が中国にだってアメリカにだっていっぱいいるから。そのお金は、やっぱり分配すべきだよ。

大川紫央　本当の神様は、「騎士道《きしどう》精神を持った、富んだ人たち」がたくさん出ることを望んでいらっしゃいますよね。

エンゲルス　そんなことは知らないよ。

大川紫央　あなたはピケティさんとして生まれ変わっていて……。

エンゲルス　全部すり潰《つぶ》すんだよ、とにかくね。

大川紫央　エンゲルスさんは……。

エンゲルス　そんなの、習近平《しゅうきんぺい》だって、百億やそのくらいの金は持っとるよ。

大川紫央　ですから、それは純粋な共産主義ではないんですよね。

エンゲルス　それは違うよ。

大川紫央　それで天罰が下っている？

エンゲルス　うん。それはそうだよ。やっぱり、裏で金儲《かねもう》けに励《はげ》んどるんだよ。ちょっとねえ、もうちょっと貧しくしなきゃいけない。

「これから大恐慌《だいきょうこう》が来るのが、愉快《ゆかい》で愉快でならない」

エンゲルス　わしはもう、これから大恐慌《だいきょうこう》が来るのが、愉快《ゆかい》で愉快でならんわ。ハッハッハッハッ（笑）。

大川紫央　えっ、なぜ？　大恐慌が起きたら、あなたの身にも及《およ》ぶんじゃないんですか。

エンゲルス　わしは別に困らんね（笑）。

大川紫央　そうなんですか。他人《ひと》の不幸を見て喜ぶんですか。

エンゲルス　うん。やっぱりね、金儲けに励んでるやつが成功するのはよくない。必ず吊《つる》し上げられて、金を取り上げられて、ばら撒く。これが大事なんだ。

まあ、いい方向に行っとるんじゃないかな。うん。

大川紫央　では、あなたも、習近平さんが吊し上げられることを望んでいるんですか。

エンゲルス　いやいや、ちゃんと、〝正しい共産主義〟に立ち返ることを望んでいる。

大川紫央　では、中国に移住すればいいんじゃないですか。

エンゲルス　いや、フランスも十分……。

大川紫央　まあ、そうですね。共産主義に近いかもしれません。

エンゲルス　うん。まあ、左翼《さよく》ですからね。

大川紫央　なるほど。

エンゲルス　働く人はもういませんから、ほとんどね。

大川紫央　では、おっしゃりたいことはそれだけですか？

エンゲルス　うん。だから、ウィルスによる大恐慌で世界不況《ふきょう》が起きて、これから共産主義が、もう一度、息を吹《ふ》き返す。うん。

大川紫央　なぜ、ここに来たんですか。

エンゲルス　何がって、よく分からないんだけど、なんかつながるんだから、しょうがないでしょう。

大川紫央　まあ、ここに来るみなさん、きっと神様の前で自分の意見を言っているんでしょうね。

エンゲルス　うん……。

とにかくねえ、わしらも、まあ、マルクスやエンゲルスも、「資本主義は崩壊する」と予想しておったが、シュンペーターでさえ、「イノベーションをやって、いちおう成功はするが、最後には、やっぱり大恐慌が起きて潰れる」と言っておるんで。

大川紫央　でも、経済活動を自然に考えると、資本主義のほうが残るんですよ。そう

●**シュンペーター**（1883～1950）　オーストリア出身の経済学者。「起業家による不断のイノベーションが経済発展の原動力である」とする経済理論を構築した。オーストリア共和国蔵相、銀行頭取《とうどり》等を経《へ》て、ハーバード大学教授に就任。『未来創造の経済学』（幸福の科学出版刊）参照。

じゃないと、経済活動は成り立たないですから。共産主義の考えのほうが、どう考えても経済活動の法則に矛盾しているんですよ。

エンゲルス　まあ、「資本主義」っていうのは、要するに、「資本家を護《まも》ろうとする主義」だからね。だから、神の心に合わないよ。うん。

大川紫央　それでは、以上でよろしいですか。

エンゲルス　はい。

大川紫央　さようなら。

エンゲルス　はい。

2　コロナウィルス感染を「終わりにしたい人」「喜んでいる人」

大川隆法　「スーパーマンもネンネする」という歌で、習近平《しゅうきんぺい》氏守護霊《しゅごれい》とエンゲルスがやって来るなんて、すごいですね。

大川紫央　すごいですね。

大川隆法　すごすぎる。

大川紫央　それでは、これで終わりでよろしいですか。

大川隆法　もうないですか。

大川紫央　しばらく〝重い感じ〟がしたのは、これもあったからでしょうか。

大川隆法　はああ（ため息）。いや、そろそろコロナウィルスの感染を終わりにしたいんだろうけれども、「終わりにしたい人」と「喜んでいる人」がいるか……。

大川紫央　でも、ある意味で、エンゲルスさんは恐《おそ》ろしいですね。

大川隆法　いや、ソ連のように鎌《かま》を持って、刈《か》ってやるので、本当に。

大川紫央　人間を平等にしたいと思いつつも、やはり、他人《ひと》の不幸を喜んでいるのではないのかと思ってしまいました。

これで最後でもよろしいでしょうか。もうすぐ午前一時が来てしまいます。

大川隆法　はい。終わりにします。

第4章　周恩来《しゅうおんらい》の霊言《れいげん》

二〇二〇年二月十一日　収録

幸福の科学　特別説法堂《せっぽうどう》にて

周恩来《しゅうおんらい》（一八九八〜一九七六）

中華《ちゅうか》人民共和国の政治家。江蘇省《こうそしょう》生まれ。青年時代には日本やフランスに留学した経験を持つが、帰国後、中国共産党に入党した。一九四九年に中華人民共和国が誕生すると同時に首相に就任し、以後、死去するまで、その任にあって一度も失脚《しっきゃく》しなかったため、「不倒翁《ふとうおう》」といわれている。文化大革命では毛沢東《もうたくとう》を支持したが、その混乱の収拾にも努めた。

質問者

神武桜子《じんむさくらこ》（幸福の科学常務理事 兼《けん》 宗務《しゅうむ》本部第一秘書局長）

大川紫央《おおかわしお》（幸福の科学総裁補佐《ほさ》）

髙橋志織《たかはししおり》（幸福の科学宗務本部第一秘書局 兼 ソフト開発室）

［質問順。役職は収録時点のもの］

1　中国を建国した首相の苦悩《くのう》

苦しみながら、「罠《わな》にはまったから悔《くや》しい」と言う霊人《れいじん》

（編集注。背景に、大川隆法総裁の原曲「The《ザ》 Real《リアル》 Exorcist《エクソシスト》」〔英語版〕がかかっている）

周恩来　はああああああああーっ。

神武　誰《だれ》かいますか。

周恩来　はあー（息を吐《は》く）。

神武　こんにちはー。……こんにちは。

周恩来　ああっ、ああ。ああ。ああ。

大川紫央　ニー・ハオ（こんにちは）。

神武　ニー・ハオ。

周恩来　あ、ああ。

大川紫央・神武　ニー・シー・ジョングオレン・マ（あなたは中国人ですか）？

周恩来　はっ。

大川紫央　ニー・シー・リーベンレン・マ（あなたは日本人ですか）？

周恩来　はあっ。

神武　顔がしかめっ面《つら》で、つらそうですけど。

周恩来　はあっ!

神武　苦しいんですか?

周恩来　うん。

神武　何が苦しいんですか。

周恩来　うーんあっ!　うん、ま……。ほんーまっ。うーんあ!　あ……。うんあっ。
悔《くや》しい。

神武　悔しい？　何に悔しいんですか。

周恩来　ああっ。うーん。うーん、罠《わな》にはまって……。

大川紫央　罠にはまったんですか？

周恩来　うん。

大川紫央　何のですか？

周恩来　罠にはまったから悔しい。

髙橋　コロナでしょうか？

神武　罠？

周恩来　うん。くそっ。やりやがって。うん。

大川紫央　何をですか。

周恩来　ううん？　全世界をね、「中国嫌《ぎら》い」にしようとしている。

霊人《れいじん》の正体は、以前にも霊言《れいげん》を収録した周恩来

神武　あなたは中国の人ですか。

周恩来　おお？　ああ。今日（二〇二〇年二月十一日）は、日本の〝亡国記念日〟なんだ。

大川紫央　今日は建国記念日です。

周恩来　そんなの嘘《うそ》だ。

大川紫央　建国記念日を休日にしているのに、神武《じんむ》天皇は忘れ去られている日本です。

周恩来　だから、〝亡国記念日〟なんだ。

大川紫央　そうかもしれませんね。

神武　中華《ちゅうか》人民共和国より歴史が長いんですよ、日本は。

周恩来　嘘つき！

神武　中華人民共和国より長いんです、日本は。

周恩来　嘘だっ。嘘だっ。

大川紫央　ニー・シー・シー・ジンピン・マ（あなたは習近平《シージンピン》氏の守護霊《しゅごれい》ですか）？

周恩来　（笑）

髙橋　笑った。

大川紫央　ニー・シー・シー・ジンピン・マ？

周恩来　（咳《せ》き込《こ》む）

神武　毛沢東《もうたくとう》氏？　習近平《しゅうきんぺい》氏の守護霊？　どちらですか。

周恩来　ああー。ああー。はあーっ。

神武　習近平《シージンピン》氏の守護霊ですか？

周恩来　うーん。ああー、いやあ、周恩来。

質問者一同　周恩来！

大川紫央　なぜ、また？

神武　一度、霊言《れいげん》をしていたと思いますが。それとも二回でしたでしょうか？

周恩来　うーん。

神武・髙橋　●一回はしています。

●一回はしています……　2012年12月2日に霊言を収録している。『周恩来の予言』（幸福の科学出版刊）所収。

「実質上の国をつくったのは私」と語る周恩来

周恩来　うーん。うーん。困った。

神武　困った？　霊界《れいかい》で困っているんですか。もう亡《な》くなっていますよね？

周恩来　困ったなあ。せっかく建てた国なんだからさあ。

大川紫央　なぜ、周恩来さんが……。

周恩来　だから、〝私がつくった〟んだよ。

大川紫央　今の中国を？

周恩来　うん。

神武　最近はどんなお仕事をされていたんですか。

周恩来　国家の建設。

神武　建設して、亡くなられて、そのあとはどうですか。

周恩来　建設していたんだよ。

神武　まだ建設中だったのですか?

周恩来　うーん。

大川紫央　どういう国を最終的に目指しているんですか。

周恩来　ううん？

大川紫央　どういう国づくりを目指しているんですか。

周恩来　「大秦帝国《だいしんていこく》」をつくる。

神武　秦の始皇帝《しこうてい》とは、どういうご関係ですか。

周恩来　始皇帝とは直接でないから。

大川紫央　「しん」は清のほうですか。直近の清ですか。

周恩来　うんっ？

大川紫央　違《ちが》いましたね。大秦帝国ですか。

周恩来　うーん。秦は「チャイナ」だから。

神武　「チャイナ」の秦ですね。

大川紫央　でも、始皇帝とはそんなに会っていないということですか?

周恩来　うーん。始皇帝とは直接ではないが……。

神武　直接には会わないのですね。

周恩来　いやあ、あれを超《こ》える予定であるからして……。まあ、毛沢東はカリスマだけど、実質上の国をつくったの、私なんで。

大川紫央　一九四九年に中華人民共和国ができたときの政府主席が毛沢東で、内閣は周恩来内閣でした。

周恩来　そう。だから、実務は私が仕切ったから国ができたんで、毛沢東だけなら戦争ばっかりしている。周恩来として、今、この国の存亡がかかっていることを危惧《きぐ》している。うーん。うーん。せっかくつくったんだから。うーん。

「習近平《しゅうきんぺい》は聞く耳を持たないので、李克強《りこくきょう》と話をしている」

神武　では、習近平《しゅうきんぺい》氏には、どのようなアドバイスをされているんですか。

周恩来　習近平は聞く耳を持たないので、李克強《りこくきょう》と話をしている。

神武　李克強首相?

周恩来　うん。いつでもなあ、上のほうは頭悪くて、下が頭がいいんだよ。

大川紫央　習近平氏は、あなたのことを、特に何とも思っていないですものね。

周恩来　言うことをきかないから……。李克強と話して……。李克強は、今はコロナウィルス対策の先頭に立ってやっているんで。武漢《ぶかん》まで行って、やっているんでな。

大川紫央「新型肺炎《はいえん》以来、なぜ李克強が習近平より目立つのか?」と、ヤフーニュースに書かれています。

周恩来　それは、習近平は病気に罹《かか》りたくねえからさ。「李克強なら死んでもいい」と思ってるからさ、やつはね。

大川紫央　李克強氏に、どんなことを言っているんですか。

周恩来　だから、切り抜《ぬ》けさせないといけないからさ。これは重大な危機だからな。

神武　今、確か、北京《ペキン》では、マスクをしないと逮捕《たいほ》される可能性があるという状況《じょうきょう》になっていると聞いたんですけれども。

大川紫央　ええっ！　またすぐ逮捕するんですか。

周恩来　いやあ、まあ……。

神武　一方、ちょっと前までは、香港《ホンコン》で「覆面《ふくめん》禁止」の法律があったりして……。

周恩来　うーん。いやあ、刑務所《けいむしょ》だって、病院だって、うつるから困るのよ。

大川紫央　はい。そうですね。

周恩来　ほんとにねえ、火炎放射器で焼き殺したいぐらいの気分さ。

今回のウィルスの件で、いちばん困っていることは何か

神武　今回のウィルスの件で、いちばん困っていることは何ですか。

周恩来　うーん。世界から憐《あわ》れみを受けること。

神武　同情されること？

大川紫央　それを困っているんですか。

周恩来　うん。中国人の発症率《はっしょうりつ》と致死《ちし》率が高いこと。中国が世界を解放する目的で、計画を立ててやっていたのに、世界から閉鎖《へいさ》される状況が生まれたこと。まずいんで、何かせねばならない。

大川紫央　どんなことをしますか。

周恩来　うーん。まずい。うーん。広がるのは、もう世界中に広がったほうが、むしろ、いいんじゃないかなあ。

大川紫央　なぜですか？

神武　広がっても、中国人の致死率が高いのは変わらないかもしれません。

周恩来　いやあ、分からない。ほかにも死ぬところがあるかもしれないじゃないか。安倍《あべ》はけしからんよなあ。あの（クルーズ船の）三千七百人全部、日本に上陸させたらよかったのになあ。そうすりゃ、もっと広がるのに。

大川紫央　でも、これを機に、ＷＨＯが非加盟国である台湾《たいわん》に専門家会合への参加を認めたりしています。それは、私たちの立場からすると、よいことでしたね。

周恩来　うーん。私たちから見ると、ちょっとよく分かりませんねえ。せっかく「台湾孤立《こりつ》政策」を進めているんだからさあ。そういう〝分断〟はまずいね。私たちは「分離《ぶんり》主義者」をいちばん嫌うので。だけど、その全体主義がウィルスの蔓延《まんえん》をちょっと招いているようなところもあって、難しいんだなあ。

周恩来が体感している現実の感染者数とは

神武　情報開示が進まないところが、広がった原因になっていました。

周恩来　うーん。そうなんだ。今は「四万人感染」っていう発表をしてるけど、こんなのはねえ、もう二週間ぐらい前の数字なんだよ、現実には。そういう国だからね。現実の数字を発表してないから。

大川紫央　なるほど。

神武　周恩来さんの体感では、今、どのくらい感染者がいると思いますか。

周恩来　まあ、三十万はいるね。

質問者一同　えええ！

周恩来　だけど、発表できないじゃないか、こんなの。三十万もいたら、もう誰《だれ》も来なくなるからさ。

大川紫央　「十分の一ぐらいで言っている」ということですか。

周恩来　うーん。だいぶ前の数字だよ、これは。（それを）言っている。そういう国なんで。情報統制はする。

大川紫央　北京《ペキン》の様子ですら、街にあまり人がいなかったんです。

「予想外のことが起きた」と言い、広がり方の異常性を指摘《してき》

周恩来　そうだし、日本の工場とかも、どんどん閉鎖《へいさ》され、撤退《てったい》が始まっている。長引くと、たいへん危ないことが起きるし、外国人が来なくなってきているので、外交もできなくなる。うーん。

大川紫央　でも、中国政府が、自国から他国に行く観光客ですら、強制的に行かせないようにしたりして……。

周恩来　いやっ、それは良心……。それは、りょう、りょう、りょう、りょうし、良心があるだろうが。

大川紫央　他国の観光業に打撃《だげき》を与《あた》えて、中国の言うことをきかすとか……。

周恩来　違《ちが》う、違う、違う。そうじゃなくて、それは、コロナウィルスを持ったのを大量に送り込《こ》んだら、そらあ、他国に迷惑《めいわく》がかかるから、止めているんで、そこは良心……。

神武　今はそうですが……。

大川紫央　今まで（コロナウィルスが流行《はや》る前まで）、そういうことをやっていたから、やっぱり天罰《てんばつ》かもしれません。

周恩来　うーん。ちょっと今、複雑な感じで難しい。いや、ちょっと予想外のことが起きたので……。鳥とかならねえ、全部埋《う》めてしまえば終わりなんだがなあ。

大川紫央　四川省《しせんしょう》では、先日、鳥インフルエンザがあって、二千羽が処分されました。

周恩来　われわれにもよく分からないところがあるんで。いやいや、広がり方に異常性があるんで、これはおかしいし、中国の医療《いりょう》が後《おく》れてるのもバレてしまったが、対《たい》抗《こう》策がないんだ、何にも。うーん。で、とにかく集まらないことばっかりしか、今ねえ。「人と会うな」って言うことぐらいしか……。

大川紫央　やはり、中国の高齢者《こうれいしゃ》の人たちについて、前から「早く亡《な》くなってほしい」と思っていたんですか。

周恩来　……それをわしに言わすか。それは……。

大川紫央　「どんなふうにお考えだったのかな」と。

神武　せっかくお越《こ》しいただいたので。

周恩来　それは、生きている政治家に訊《き》いてくれないと。わしは生きてはいないから、それを言う資格はないんじゃないかあ。

神武　いや、でも、「建国のご指導をされていらっしゃる」ということですので。

周恩来　まあ、そうだけど。だから、わしから李克強を今指導していたけど、ちょっと、やつも、もう〝頭の蓋《ふた》が開《あ》いてしまっとる〟から、もう、いやあ、これ、ちょっと、いちおう……。

大川紫央　「頭の蓋が開いた」とは、どういうことですか?

周恩来　〝発狂《はっきょう》している〟っていうことだ。〝脳みそが飛び散ってる〟。うーん。

生物兵器を研究はしていたが、何が起きたのかが分からない

大川紫央　武漢《ぶかん》では、やはり生物兵器なども研究していたんですか。

周恩来　研究はしていたのは事実。ただ、いや、「何がどうして、どうなったか」は、目に見えないもんばっかりだから、分からないんだよ。なんか、運び込んでいたものやら、運び出そうとしたものやら、どこかで漏《も》れたものやら、さっぱり分からないいん

だよ。何が起きたのかが、われわれにも分からない。

大川紫央　周恩来さんは、そういう兵器系の指導もするんですか。

周恩来　いや、別にそれが得意なわけではないが。

大川紫央　得意ではない？

周恩来　全体の経営をやっているからさあ。

大川紫央　あの世でもやっているんですか？

周恩来　国家の運営、運営指導をしているので。われわれ実務家がいなければ、毛沢《もうたく》東《とう》や習近平《しゅうきんぺい》で国がもつわけがない。

大川紫央　なるほど。

周恩来　彼らは、「行け行け、ゴーゴー」と言っているだけだから。

大川紫央　まあ、そうでしょうね。「細《こま》かい詰《つ》め」をしなければいけないのですね？

周恩来　うーん。

2 崩《くず》れゆく中国の世界戦略

中国の世界侵略《しんりゃく》を阻《はば》んでいる新型コロナウィルス

神武　武漢《ぶかん》のある湖北省《こほくしょう》の比較《ひかく》的近くにある浙江省《せっこう》には、中国のハリウッドといわれるような映画産業の拠点《きょてん》があるそうですが、今、中国の映画やドラマの撮影《さつえい》も、全部、ストップしているようです。

周恩来　それは、そうだろうよなあ。広がったら困るもん。いろんなもんが止まって、今。だから、北京《ペキン》だって、地下鉄に人が乗っとらんのだ。

大川紫央　最近の中国の映画を観《み》て、総裁先生がいつもおっしゃるのは、「お金はすごくかけていて、『もう、何でもできるぞ』といった感じがする。魔法《まほう》も使えば、体も飛ぶし、CGで何でもできてしまうから、逆に、すごく唯物論《ゆいぶつろん》的で、今の中国の感じをよく表している。それに、『中国は、ほかの国にも匹敵《ひってき》するような、例えば、〝アラビアンナイトの世界〟なども、全部、持っているんだぞ。中国には、もう、昔から、魔法もあれば、何でもあったんだ』というような雰囲気《ふんいき》に見える映画がたくさんある」ということですが。

周恩来　まあ、いちばんの戦力は、そらあ、「人口」だからね。いやあ、アメリカは抜《ぬ》き去られることを今いちばん恐《おそ》れていたけど、「経済」が発展すりゃあ、数から見りゃあ、抜き去ることになるし、それだけの消費人口を持ってるからね。経済だって大きくなるし、映画をつくったって、そらあ、当然、アメリカより広がるに決まってるから。ヒットすりゃあ、九億人ぐらい観るからねえ。すごいよ……。

大川紫央　映画についても、世界の、ハリウッドなどにもかなり進出したり、買い取ったりもよくしています。映画も、いちおう意思発信の一つで、文化発信の一つですから。

周恩来　そうだし、お金でね、企業《きぎょう》もいっぱい買い取りに入っているし、日本の土地も買い取りに入っているし、あちこちを、「経済侵略《しんりゃく》」を開始しているので。「経済侵略」と「文化侵略」をやってから、「本当の侵略」をするつもりでやっておるからさあ。逃《に》げられないようにしていくっていうのが、基本なんで。

中国人嫌《ぎら》いが出て……、このゼノフォビア、外国人嫌いのあれが、（中国人を）〝エイリアン扱《あつか》い〟し始めると、ちょっと、全部、狂《くる》ってくるんだなあ。

大川紫央　大幅《おおはば》に遅《おく》れたものなどはありますか。予定していたのに……。

周恩来　いや、でも、海外からの投資や、それから、人の流入は止まるし、香港《ホンコン》や台《たい》湾《わん》の投資も全部引き揚《あ》げるだろうし、日本も撤退《てったい》していくし、中国から進出して、アジア圏《けん》に工場だとかいろんなのを出そうとしたやつも、こっちも駄目《だめ》になっていく可能性があるし。中東からアフリカ、ヨーロッパに向けての「一帯一路《いったいいちろ》」？　そんなのをつくられると、全部それ、感染経路になるから、嫌《いや》がるでしょう？

神武　そうですね。

周恩来　だから、これ、ちょっと……、いや、世界中が、中国を〝万里《ばんり》の長城《ちょうじょう》でくるんでしまう感じ〟になったら、困るなあ……。全滅《ぜんめつ》する可能性があるんで。

〝中国の時代〟が来る寸前まで来ていた

大川紫央　なぜ、ここに来たのですか。

周恩来　いやあ、ここが、「世界の中心」なんだろう？

大川紫央　（苦笑）それは認めてもらえるんですか。

神武　中国ではなくていいんですか（苦笑）。

周恩来　いやあ、何だか知らんけど、とにかく、「ここに来なきゃ、最終的な解決にならない」って言うからさあ。

大川紫央　誰《だれ》が言うのですか。

周恩来　いや、みんなそう言うから、来てるんで。

大川紫央　そうですか（苦笑）。

神武　では、どのような解決をされたいんですか。

周恩来　う～ん。いや、もう〝中国の時代〟が来る寸前まで来ていたんだからさあ。安倍《あべ》さんたちだって、まだ、う～ん、自民党はね、「国会議員の給料を天引きして、中国に見舞金《みまいきん》を送ろう」なんて言っているほど、まだ、中国と抱《だ》き合って、経済発展を目指そうと思っているぐらいだからさあ。

大川紫央　今、中国のなかの方でも、「日本はよい国だ。友人として、よくしてくれている」と言う人もいらっしゃいますよね。

周恩来　まあ、観光客としては、そういう人は増えている。日本に来ている中国人は、まあ、六割ぐらいは、日本人が好きになりつつはあるらしい。ただ、日本人は、八割は中国人が嫌いらしい。うーん。

大川紫央　でも、中東に行っても、中国の人は、それほど歓迎《かんげい》されていない……。

周恩来　信用はしてないね。やっぱり、「欲がある」とは思われているから。「日本人のほうが、そのへんは、ルールを守る」とは思っているだろうけど。ただ、日本は縛《しば》りが多くて、なかなか自由に動けないからね。

中国は〝鶴《つる》の一声〟で決まるけど、日本は、そうはいかないからね。

大中華帝国《だいちゅうかていこく》による世界への君臨が「五千年の夢」

大川紫央　世界を侵略して、うれしいんですか。

周恩来　そらあ、うれしいよ。

大川紫央　そうは言っても、もっと大変になりますよ、統治する側も。

周恩来　いや、「中国の永遠の夢」だから。大中華帝国《だいちゅうかていこく》で、世界から朝貢《ちょうこう》させて君臨するのは、昔からの夢なんで。「五千年の夢」だからさ。「唐《とう》の繁栄《はんえい》」、「秦《しん》の繁栄」を超《こ》えていくつもりでいたんだからさ。

だから、共産主義っていうのが、「ウィルスを共有する意味での共産主義」だと、ちょっと困る。

大川紫央　でも、実際、そういう感じでしょう。

周恩来　もう、みんなにうつっているから。

大川紫央　思想的にも、「毛沢東《もうたくとう》ウィルス」がばら撒《ま》かれている感じにはなるのではないですか。

周恩来　みんな拒否《きょひ》してるからさあ、困るんだよなあ。

神武　でも、今回、●「宇宙からの力」も加わって……。

周恩来　「宇宙の力」ってのが、いったい、どんなふうに働いているのかが分からないんだよ。

大川紫央　あなたは、宇宙の人たちと……。

●「宇宙からの力」も……　『中国発・新型コロナウィルス感染 霊査』（前掲）参照。

周恩来　それは、無理ですよ。私は地球の人ですから。

神武　宇宙の邪神《じゃしん》であるアーリマンをご存じないですか。

周恩来　いや、いちおう、そういうものは認めない国なんで、立場上は。

神武　でも、宇宙人との交流もしていますよね、軍事基地などで。秘密軍事基地で。

周恩来　いやあ、そんなものは基本的には……、まあ、唯物的な宇宙人は認めるのか。うん。

神や魂《たましい》の存在を認めず、自分を「大仙人《だいせんにん》」と言う周恩来

周恩来　だけども、神とか、仏とか、霊界《れいかい》、霊は認めない。

●宇宙人との交流……　『中国「秘密軍事基地」の遠隔透視』（幸福の科学出版刊）参照。

神武　でも、あなたご自身は今、霊ですよね？

周恩来　うーん。ま、それはちょっと、理屈《りくつ》的には分からないことだ。

大川紫央　（苦笑）素直《すなお》に認めればいいのに。

髙橋　「死んでいること」は分かっているのですか。

周恩来　うーん、死んでいるけど、生きてるんだよ。

大川紫央　それを「魂《たましい》」というのですよ。

周恩来　いやあ、そういう、何て言うかなあ、〝蓬萊島《ほうらいじま》〟に来ているんだよ。永遠の命を、そこに行きさえすれば……、やっぱり、この世で地位と名誉《めいよ》を積んで、徳を積んだ人は、蓬萊島《とう》に来れば、永遠の生命を一部、得られるらしい。

大川紫央　結論としては、やはり、「自分は神だから」ということですよね？

周恩来　そういうことだなあ、まあ、言えばな。

大川紫央　「神は、永遠の生命を得られるんだ」と。

周恩来　まあ、神という言葉は、ちょっと、間違《まちが》いを呼びやすいため、使いたくはないんだ。

大川紫央　神も認めていませんものね。

周恩来　神はいないので。神ではなくて、「大仙人《だいせんにん》」かのう？

髙橋　大仙人（笑）。

「アメリカの大統領への太刀打《たちう》ちは大変だ」とこぼす

大川紫央　でも、侵略して自国の領土を広げたいのは、統治者たちが神になりたいからではないのですか。偉《えら》くなりたいからでは……。

周恩来　やっぱり、あんたの言うことをきく人が増えると、うれしいだろう？

大川紫央　うれしくないですよ。

周恩来　うれしいだろう！　何言ってんだ。うれしいに決まってるじゃないか！

大川紫央　「うれしい、うれしくない」という問題ではないでしょう。

周恩来　自分の仕事を否定しちゃいけない。うれしいだろうが。

大川紫央　よい思想が広がるのは、よいことだとは思いますが。

周恩来　「よいか、悪いか」なんて、分かるわけがないだろうが。

大川紫央　では、その信念は、どこから来るんですか。

周恩来　今、アカデミー賞とか、あんな、「パラサイト」がアカデミー賞を取ってるじゃない。「寄生」するのはいいことなんだから。

大川紫央　広がったほうがよいと思うのは、自分の言っていることや内容が伝わることによって、多くの人が幸せになれると思うから広げたいと……。

周恩来　アメリカも、「悪いことが広がることは、いいことだ」と思ってるんで。

大川紫央　まあ、映画については、最近、そういう流れにありますけれども。あなた

●「パラサイト」　2019年公開の韓国映画。邦題「パラサイト 半地下の家族」（ビターズ・エンド）。第92回アカデミー賞で作品賞などを受賞した。

の信念は、どこから来るんですか。

周恩来　とにかく、「大中華帝国」。うーん、いいねえ。

大川紫央　「何とかの一つ覚え」のような感じですけれども。

周恩来　だから、中国語だけ残して、あとの言語は全部、滅《ほろ》ぼす。おまえたちも、二〇五〇年以降は、もう日本語っていうのはしゃべらなくてよくなる。

神武　けっこう日本語がペラペラでいらっしゃいますけれども、日本に生まれたこともあるんですか。

周恩来　うーん、まあ、それは、いやあ、そんなことあるはずがない。大中華帝国の首相が、そんなことあるわけがない。

大川紫央　以前、中国に生まれたことはあるんですか、ほかの時代に。

周恩来　えっ？　いや、そんなことは認めてない。

大川紫央　だって、神だから、永遠の生命があるのでしょう？

周恩来　魂は存在しないから、そんなことはありえない。

大川紫央　いえ、永遠の生命があるんでしょう？　あなたには。

周恩来　いや、大仙人だから、仙術を使って、いろんなものを知覚してるだけなんで、そういうのを理解して……。

神武　去年ぐらいから、香港市民は、香港政府とそのバックにいる北京政府と激しく戦っていますけれども、霊界から、何かご意見されたりしているのですか。

周恩来　霊界っていう……、もう、どうして、そういう間違ったことを言うんだ。

神武　（苦笑）では、周恩来さんご自身は、何か、李克強《りこくきょう》氏などにアドバイスをしたり、林鄭月娥《りんていげつが》氏、キャリー・ラム氏に、何かアドバイスをしたりしていますか。

周恩来　いやあ、ちょっと、今は、時代が変化して、なんか、テレビっていう時代とか、うーん、まあ、いろいろあるからねえ。だから、やっぱり……、悪口を言えるのは中国人だけだったのに、外国の人も悪口が言えるようになっているから、ちょっと、警戒《けいかい》はせないかんところはあるんでなあ。

アメリカは、なんか、大食漢の赤鬼《あかおに》みたいなのが大統領をやっとるけど、悪口は言い放題で、あれだけ悪口を言われると、中国人だって、なかなか、太刀打《たちう》ちするのはけっこう大変なんだよな。ほんっとに、習近平《しゅうきんぺい》が温厚に見えるわ。ほんまに。

3 訪問時に見た不思議な存在について

周恩来が見た〝宇宙人の紛《まが》い物〟とは

大川紫央　今日は、いつからいらっしゃったんでしょう？　いつから来ていましたか。

周恩来　ええっ？　今日、いつからいらっしゃったか？　朝の……。

大川紫央　●校閲《こうえつ》が……。

周恩来　朝の、あの本？　あれ、「まずいな、これは」と思って。

大川紫央　コロナウィルスの。

●校閲が……　大川隆法総裁は本霊言収録当日の朝に、『中国発・新型コロナウィルス感染 霊査』の校閲を行《おこな》っていた。

周恩来　いや、「中国発」っていう……。

大川紫央　まあ、事実ですからね。

周恩来　「新型コロナウィルス感染霊査《れいさ》」っていう、なんか、よく分からん。

大川紫央　なぜ、「総裁先生がその本の校閲をしている」と分かったんですか。

周恩来　うーん？　ああ？　いやあ、いや、それは、やっぱり仙人《せんにん》だからね。だから、分かるわけよ、何となく、こう、千里眼《せんりがん》で。

大川紫央　では、総裁先生が校閲しているのを見たんですか。

周恩来　うーん。なんかねえ、気をつけたほうがいいよ。ここは、なんかねえ、〝宇宙人の紛《まが》い物〟みたいなのが住みついとるような。ウロウロしとるから、気をつけたほうが……。

大川紫央　あっ、では、宇宙人を認めるんですね？

周恩来　いやあ、まあ、唯物《ゆいぶつ》的には存在してもおかしくはない、唯物的にはね。「中国語をしゃべる宇宙人なら認めてもいい」と思っているよ。

大川紫央　王《ワン》さんとか？（笑）

神武　「宇宙人王さん……」。

大川紫央　「宇宙人王さんとの遭遇《そうぐう》」という映画がありますけれども。

周恩来　いや、今は、宇宙人が人間に化《ば》けるなら、〝中国人〟だ。戸籍《こせき》もはっきりしないし、非常にいい。

神武　今日見た〝宇宙人の紛い物〟的な存在というのは、どういう存在ですか。どのような存在を見たんですか。

周恩来　うーん……、あれは宇宙人なんだろうかね？　よく分からないんだけど、何だかねえ。うーん……、私なんかも諸葛亮孔明《しょかつりょうこうめい》にたとえられることが多いんだが、その諸葛亮孔明より、もう一段、悪賢《わるがしこ》いようなことを考えているような気がする。

大川紫央　悪賢いのではなくて、賢いんでしょう。

周恩来　賢いのかなあ。何かねえ……、いや、中国は世界を包囲するはずなのに、中国を孤立《こりつ》させようとするような、なんか、そんな感じのあれだなあ、〝兵法〟だ。

激しく燃える巨大《きょだい》な〝ファイアーボール〟が見えた

大川紫央　その人とすれ違《ちが》いましたか。

周恩来　「その……人と」と言うても、なんか〝ファイアーボール〟みたいな人だから。

大川紫央　ファイアーボール？

周恩来　うーん。

大川紫央　へえー。

神武　メタトロンさん？

周恩来　ファイアーボールみたいだったよ。

大川紫央　では、R・A・ゴールさん？

●メタトロン　射手座・インクルード星の宇宙人。イエス・キリストの宇宙の魂（アモール）の一部。6500年ほど前にメソポタミア地方に生まれた。光の神の一人。

神武　R・A・ゴールさんですか。

周恩来　いた、上、この上……、この上にいたよ。

大川紫央　ああー、そうなんですか。

周恩来　上に、午前中いたからさ。

大川紫央　ファイアーボールみたいだったんですね!?

周恩来　うーん。

神武　宇宙船に乗って……?

周恩来　いや、ファイアーボールだよ。

髙橋　人型ではなくて。

周恩来　なんか……、なんか、ごっつい……、ごっつい燃えているんだよ。だけど、周りに、火がなんでつかないのか分からない。

大川紫央　まあ、あなたの目にはそう見えたということですね？

周恩来　うん。ファイアーボール。巨大《きょだい》。

大川紫央　何色でしたか。

周恩来　いやあ、巨大な炎《ほのお》だよ。

●ファイアーボール。巨大……　大川隆法総裁の霊査によって、ファイアーボールの親玉はR・A・ゴールの精神エネルギー体であったことが判明した。

大川紫央　炎の色は？

周恩来　いや、オレンジ、赤、黄色、ときどき、青、紫《むらさき》。いろいろ変わる。

大川紫央　七変化《ななへんげ》しているではないですか。

神武　すごい。

周恩来　うん。そんなような〝炎のようなもの〟が、なんか、この大川総裁の周りをウロウロしたり、一体になったり、合体したり、そんなような感じがした。「何だ、これ？」っていう。

大川紫央　それで、近づけなかったんですね？　そのときは。

周恩来　「近づけない」っていうか、「何だ、これ？」っていう。

大川紫央　ほかにいましたか。ほかには？

周恩来　あっ、ほかにも、なんかはいたような気が……。

大川紫央　例えば？

周恩来　なんか、ウロウロしとるんだよ。

神武　同じような炎ですか。

周恩来　うーん……、なんか、あれ、いや、人魂《ひとだま》なのかな。いや、認めるわけにはいかんな。そんなものはない。

大川紫央　ほかにも、ファイアーボールみたいなのがいたんですか。

周恩来　まあ、いや、違う何か……。

大川紫央　ほかは違う姿ですか。

周恩来　いやあ、でも、宇宙からのなんか……。いやあ、その、天から、こう……、なんか、こう……。

大川紫央　火の柱が立ったんですか。

周恩来　〝光の線みたいなの〟が、いっぱい降りていたから。通信線なのかなあ。よく分からんけど。うーん……、何か。あっ、そう！　雪吊《ゆきつ》りみたいな感じの、縄《なわ》みたいな、ああいう……。光のロープみたいなのが、いっぱい、ここの建物に降りていって。雪吊りみたいな感じで、護《まも》っているような感じだったかなあ。

日本の風習をうっとうしがる周恩来

大川紫央　なかに、よく入ってこられましたね。

周恩来　入ってくるっていうか、ウロウロしておっただけであって。入ってこれているのかは……。

大川紫央　あなたの仲間は、あなた一人だったんですか。

周恩来　いや、それは、召《め》し使いはたくさん……、とか、それから、部下はたくさんはいるけどね。だから、日本の風習がうっとうしくてね。靴《くつ》を脱《ぬ》がないと入らせてくれないですから。

質問者一同　（笑）

大川紫央　ああ、いちおう、「許可された」ということですか。

周恩来　まあ、今はね。とにかく、今は、ちょっと、代表者一名……。

大川紫央　だけ入ってよいと？

周恩来　限定って……。

髙橋　靴を脱いでですか。

周恩来　限定っていうことで、まあ、来てはいる。

大川紫央　あっ。では、やはり、日本の風習と中国の風習とでは違うんですね。

周恩来　まあー、わしらは、だって、戦争服着てるときは、それは脱がないからな。

神武　その「靴を脱いで、『いいよ』と言われたとき」というのは、存在があぶり出された先ほどの原曲の音楽が流れていたときですか。

周恩来　（約五秒間の沈黙《ちんもく》）いや、音楽は、何だか、「オブリビオン」っていうのが流れておった。

神武　ああ。ご校閲のとき……。

大川紫央　ご校閲のときに、もういたんですね。

周恩来　覗《のぞ》いておった。窓から覗いておった。

大川紫央　あっ、窓から。外からですか。

周恩来　うん。

大川紫央　ああ。では、なかには入れていなかったんですね。

周恩来　外から見とった。

大川紫央　では、いつのタイミングでなかに入ってこられたんですか。

周恩来　いや、仙人だから。まあ、それは透視《とうし》はできる。

髙橋　誰《だれ》かに許されたんですか。

周恩来　うーん……。いやあ。

大川紫央　みな仕事が終わって、〝光の人たち〟が帰っていったから入れたんですか。

周恩来　う、うーん……。いやあ、ちょっと、秘密がいろいろあるみたいだから。その秘密をわしらも共有せないかんからさあ。

４　ウィルス対応の現状と今後予想されること

「『死者は九百人を超《こ》えた』とあるが、あんなものではない」

大川紫央　待ってくだされば、もう、明日《あした》（二〇二〇年二月十二日）には本になったのに。

周恩来　あれ、台湾《たいわん》と香港《ホンコン》で出して、北京《ペキン》には来ないから。

大川紫央　北京は怖《こわ》いですから。

周恩来　そういう理由は……。

神武　まず（当局が）流通させないのではないですか。

大川紫央　でも、中国の人たちにもちゃんと助かっていただきたいので、香港や台湾からでも、本が入っていっていただけたらね。

周恩来　違《ちが》う。香港や台湾を護《まも》るための本であって……。

大川紫央　まあ、それはそうですけれども。

周恩来　われわれを、ただ「護る」ための本ではない。だから、これ、おかしいんだよなあ。だから、致死率《ちしりつ》って……。「死んでいる人は九百人を超《こ》えた」って書いているけど、あんなものじゃないですよ、もっと死んでいますから。

大川紫央　では、「数字には嘘《うそ》があるぞ」ということですね。

周恩来　まあ、武漢《ぶかん》の人は、どんどん姿を消していますからね。

大川紫央　それを、あなた様は公表して叱《しか》られないんでしょうか。

周恩来　いやあ、それは公表してはいけないでしょう。

神武　でも、先ほど、もう、「三十万人は罹《かか》っているのではないか」と教えてくださったので、ついでに、ぜひ教えてください。

周恩来　いや、中国文化から言えば、三十万人ぐらい、穴を掘《ほ》って埋《う》めるのは普通《ふつう》なので。

「死者数は分からないが、武漢《ぶかん》の人口は半分以下になっている」

大川紫央　いや、ですから、正直に言えば、天安門《てんあんもん》事件を詳《くわ》しく知っている人からすると、中国が「十日間で新しい病院を建てる」と言って、たくさんのショベルカーで土地を均《なら》していたのがニュースで流れたとき、一瞬《いっしゅん》、ものすごくギクッとして……。

周恩来　死体安置所に変わるんだよ。

大川紫央　「人をまた埋めるのかな」と、ちょっと思ってしまいました。

周恩来　映像で撮《と》っているところと撮っていないところがあるから、撮っていないところでは、きっと大きな穴を掘っとるよ。

神武　「死体を埋める用」にですか。

周恩来　そう。

大川紫央　でも、今は中国の人もインターネットを使うので、それをやったら、やはり見つかるでしょう?

周恩来　だから、穴を掘っているところは映さないようにして、病院を建てているところだけ映しているんだよ。人道的な国に見せないといかんから。

神武　では、死者は何万人ぐらいいると思いますか。

周恩来　いや、分からん。それは誰《だれ》も……、誰一人知らない。

大川紫央　それすら分からないぐらいなんですね。

周恩来　誰一人分からんが、「武漢《ぶかん》の人口が半分以下になっている」ってことは分かっているんで。ほんとに逃《に》げたのか、死んだのかが分からん。

神武　なるほど。

今回のウィルスに対しては、マニュアルもワクチンもなかった

大川紫央　新型コロナウィルスの危険性を最初に発見したお医者さんも、当局からは罰《ばっ》のような……。

神武　訓戒《くんかい》処分ですね。

大川紫央　訓戒を受けていました。

周恩来　だから、マスコミの情報統制は、いちおう、マニュアルはあったんだが、こういうタイプのはちょっとなかったんで。まあ、ある種の宇宙からの攻撃《こうげき》を想定した場合のマニュアルっていうことになるから。そういうマニュアルはできていなかったので。

うーん……、ワクチンもないし、困るんだよなあ。やつら、ワクチンをつくらせないようにしていると思うんだよ、きっと。ワクチンをつくらせないような、なんか、

何かを仕込《しこ》んでいる、絶対。

大川紫央　いや、でも、そもそも、ワクチンといっても、たぶん、武漢のなかにあったウィルスが、あのウィルスになっているところもあるんでしょうけれども。

周恩来　いや、まずいことはね、警察や軍隊だって怯《おび》えとるからさあ。やつらも集団で動くから、うつったらみんなに行くんですよ。だから、まずいんですよね。

「もし、これが続いていったら、中国経済が大壊滅《だいかいめつ》する」

大川紫央　このコロナウィルスの蔓延《まんえん》により、中国の発展計画の何にいちばん遅《おく》れが出ていますか。

周恩来　いや、これが、まあ、それは三月にでも終息すればいいけれども、もし続いていったら、これ、大変なことになって。申し訳ないが、ウォール街《がい》の世界大恐慌《だいきょうこう》と同じぐらいの力を、今、中国は起こせる。中国経済が大壊滅《だいかいめつ》したら、それは世界中、

〝風邪《かぜ》をひく〟よ、ほんとにねえ。
いいのかなあ？　それで、君たち。君たち、作戦に漏《も》れはないのかね？

大川紫央　ない……。いや、私たちが……。

周恩来　ええっ？　君たちが……。

大川紫央　私たちがやっているわけではなくて……。

周恩来　君たちが仕返しをしようとしている。

大川紫央　中国のなかに、そもそも種があるんですよ。

周恩来　だけど、救えないよ。世界は救えないよ。

「山岳《さんがく》地帯を何億人もが突破《とっぱ》して、なだれ込《こ》むかもしれない」

大川紫央　いや、でも、中国は、放置しておいても、どのみち、「バブルが起こって経済崩壊《ほうかい》する可能性もかなり高い」と言われていましたので。

周恩来　うーん。だけど、ウィルス感染から逃《のが》れようとする人たちは、新しい国を占《せん》領《りょう》して逃げるかもしらんじゃない？

大川紫央　新しい国を占領して逃げるんですか。

周恩来　中国国内にいたら、うつるから逃げようとする。〝出《しゅつ》中国〟っていうことが起きるかもしれない。

大川紫央　ただし、その前に、中国から飛行機に乗れたとしても、降りる空港がないでしょう？

周恩来　だから、それは脱法的《だっぽう》に行くしかないでしょう。

神武　でも、そんな、何万人も無理じゃないですか。

大川紫央　あっ、中国政府が加担してパスポートを偽造《ぎぞう》するということですか。

周恩来　いや、山岳《さんがく》地帯を、ほら、何億人もの人が突破《とっぱ》してなだれ込《こ》んできたら、もう、どうにもなるまいて。

大川紫央　今、中国から日本に来ることができた人のなかに、出生地が湖北省《こほくしょう》の人がいたようなんですね。

それで、その人は、日本への入国の仕方として、「パスポートの発行地が湖北省の場合のみ入ってこられないけれども、そうでなければ、出生地が湖北省であったとしても入ってこられるぞ」ということをネットで言っていて、批判されているらしいんです。

周恩来　いやあ、いちばんね、わしが恐《おそ》れておることは、「中国の医療《いりょう》水準は、ほんとは低いんではないか」と中国人自身が思っていることであって。日本とかに逃げ込んだら、「もし、コロナウィルスを持っとっても、日本の病院なら治してくれるんでないか」と思っていることがあるんで。

そういうことになるとだなあ、まあ、軍隊も漁民も変わらず、大量の船で、もう何万隻《せき》もの船で押《お》し寄せてくることがあるかもしれないんだよ。

大川紫央　「信仰心《しんこうしん》」がいちばんの免疫《めんえき》のようですが。

周恩来　それは、科学的には分からん。分からんことじゃ。もしかして、あれかね、おたくは。悪い監督《かんとく》が、●劉備玄徳《りゅうびげんとく》を、ものすごく愚痴《ぐち》ばかり言う悪い人で描《えが》く●映画をつくろうとしているから……。

●劉備玄徳を……　以前の霊査で、質問者の大川紫央総裁補佐の過去世の一つは劉備玄徳であると推定されている。

●映画　2020年12月公開予定の「新解釈・三國志」（監督・脚本 福田雄一）のこと。

大川紫央　今年（二〇二〇年）ですね。

周恩来　その〝天罰〟で、なんか中国の悪い面が日本にも〝うつって〟くるのかもしらん。

5　中国の指導者たちへの論評
「李克強《りこくきょう》がコロッと死ぬこと」を恐《おそ》れている

大川紫央　今、中国の先人《せんじん》たちのなかで、あなたが話ができる人というのは、どのような人なんですか。

周恩来　「先人」って何。

大川紫央　えっ？　昔の人たちのことです。いるではないですか、劉備《りゅうび》……。

周恩来　現代には……。いや、いや、いや……。

大川紫央　今、劉備玄徳《げんとく》のことを話していたではないですか。

周恩来　今は、それは過去の話だからさあ。映画で、それは、過去のことをつくることは……。

大川紫央　李克強《りこくきょう》氏以外、ほかに話す人はいないんですか。

周恩来　うーん……。まあ、ほかには、いる、数はいっぱい、代議員はいるけどね。だけど、そういう下々《しもじも》と話してもしかたないからさあ。

いや、まあ、それで、李克強がコロナウィルスでコロッと死んだりすると、中国の沽券《こけん》にかかわるから、ちょっと危険な……。中国製マスクだと防げない可能性があるんで、それが怖《こわ》いんだよ。

神武　今（収録当時）、通常のマスクでは防げないというエアロゾル感染の可能性も指摘され始めました。

周恩来　まあ、みんな、中国人はね、日本製マスクを欲《ほ》しがっているんだよ。中国製マスクだと罹《かか》るんじゃあないかと怯《おび》えているんです。

神武　毛沢東《もうたくとう》氏と話すことはないんですか。

「毛沢東《もうたくとう》は女たちを連れて、どこか洞窟《どうくつ》に避難《ひなん》している」

周恩来　うん？

神武　毛沢東氏と。

周恩来　毛沢東と話すことは……。

神武　最近は？

周恩来　毛沢東は……、あれ？　毛沢東は女たちとどこかへなんか……。どこか洞窟《どうくつ》に避難《ひなん》しているんじゃないのか。

大川紫央　あっ！　もう避難したんですね、きっと。

周恩来　うーん。

大川紫央　「私は大事な身だから」ということですね。

周恩来　女たちを連れて洞窟に……、どこか洞窟に避難している。

神武　女を連れて。

大川紫央　「私は大事な身だから。君、任せたよ」という感じですよね？

周恩来　うん、うん。実務はこちらのほうがやる。

「鄧小平《とうしょうへい》の考え方は、分からないところがある」

神武　鄧小平《とうしょうへい》氏などはどうですか？

周恩来　ああ……。鄧小平……。南のほうで、なんか金儲《かねもう》けの、一生懸命《いっしょうけんめい》、太鼓《たいこ》を叩《たた》いとったなあ……。

大川紫央　ああ……。上海《シャンハイ》とかあのあたりですか。

周恩来　儲けよ、儲けろ、儲けろ、儲けろって……。

神武　最近は、交流はないのですか。

周恩来　うーん。鄧小平の考え方は、もうひとつ分からんところがあるからなあ。

神武　では、経済のところはあまり……。

周恩来　もう、私は内政担当だから。

神武　統治のほうですか？

周恩来　うーん。

神武　統治担当。では、監視《かんし》社会をつくることなどには関係していますか。

周恩来　うん、まあ、それはちょっと分からん。

神武　それは、「分からない」と。

周恩来　昔から監視社会なんで。そんなこと言われても。

神武　監視カメラなどをたくさん設置して……。

周恩来　カメラとかそういうのはよく分からん。

日本に留学経験のある周恩来から見た、日本と中国の違《ちが》い

大川紫央　周恩来さんは生前、明治大学に通っていたんですね。

周恩来　なんだ、君は魔法《まほう》使いなのか。

大川紫央　現代における〝魔法〟を使うと……、日本に留学しているのですね。

神武　では、日本語を話せたんですね。

大川紫央　それで話せるんですね。

神武　日本はいい国でしたか?

周恩来　いいわけないでしょう!　あんな……。

神武　でも、わざわざ留学していたんですよね。

周恩来　もう、たくさんの中国人を殺した、あんな……。

大川紫央　あっ!　でも、最初、日本語の習得不足により、第一高等学校と東京高等師範《しはん》学校の受験に失敗しています。

周恩来　それは民族差別だ。

大川紫央　そして、東亜《とうあ》高等予備学校に通い、あと、現在の法政大《ほうせい》の付属学校にも通われています。そして、明治大学政治経済科に通学されたそうですね。靖国《やすくに》神社にも行っていますが。

周恩来　別に、法政で官房長官《かんぼうちょうかん》してるし、明治大学で文科大臣やってるし、何も問題はない。

大川紫央　いやいや。そういうことではなくて（笑）。

神武　問題ないと思いますけど（笑）。

大川紫央　日本にもいられたので、日本と中国で、何か違《ちが》いは感じられましたか。

周恩来　そらあ……、日本人は威張《いば》っとって、笑わんのじゃ。うん。中国人はユーモアに富んで、非常に気さくな民族なんだ。

大川紫央　そうなんですね。

髙橋　友達とかはできなかったんですか。

周恩来　……とにかく、ちょび髭《ひげ》を生《は》やして威張っとりゃあ日本人なんだよ。

大川紫央　威張っているイメージがあるんですか。

周恩来　そりゃそうだよ。

神武　意地悪されたりしたんですか。

周恩来　うーん、まあ、私は二枚目だったから、意地悪はされてはおらん。

大川紫央　いや、今、同じことを言おうとしたのですよ。若いころの写真は、意外にいけてる感じの……。

髙橋　（若いころの写真を見ながら）本当ですね。

周恩来　高倉健《たかくらけん》みたいな顔だわな。

大川紫央　ええ。かっこいいじゃないですか。

髙橋　確かにかっこいいです。

周恩来　高倉健みたいな顔だ。

神武　目力がありますね。

周恩来　日本女性にも、モテないわけではない。

神武　では、日本でもいい思い出があったということでよろしいですか。

周恩来　いやいや、日本は悪い国だから、それはあかん。

大川紫央　ご自分も共産党のなかにいて、息苦しさなどは感じなかったのですか。要するに、上に立つまでは監視されるわけですよね。

神武　密告されたりもします。

周恩来　上に立てば、全然、息苦しくないよ。何を言っているのよ。

大川紫央　いや、「上に立てば」でしょう？　「立つまで」があるではないですか。そこまで行くのは大変ですよね。

周恩来　いやあ、軍隊と思えば一緒《いっしょ》よ、そんなもん。

6　周恩来の狙《ねら》い

新型コロナウィルス感染に関する情報を取りに来た

大川紫央　では、今日は、総括《そうかつ》すると「ウィルスに対抗《たいこう》する手段がない」ということに尽《つ》きる……。

周恩来　とにかく今、情報を取りに来たのよ。情報を取りに……。「何を考えてるの?」「どうしたらいいの?」と、それが聞きたくて来ているんだよ。

大川紫央　中国の内部に蔓延《まんえん》している、「他国を侵略《しんりゃく》したい」という思いが逆流して、ウィルスになったと。

周恩来　私たちはそう思っているわけじゃなくて、中国の高度な文化を世界に広げたいと思っとっただけだから。

大川紫央　でも、今の話ですと、実際、病院などは高度ではないかもしれないということですね。

周恩来　うん。足りてないからね、もともとね。医者も薬も治療《ちりょう》器具も入院施設《しせつ》も看護師も、全然足りてませんから。人口が多すぎる。

大川紫央　ええ。ですから、その「人口が多すぎる」と思っているところに、人命を（軽視し）……。

神武　「人を殺したい」という思いがウィルスを悪性化させ……。

大川紫央　そう。それがウィルスを悪性化させている。

周恩来　入《はい》れる人は金持ちだけよ。

大川紫央　病院などにですよね？

周恩来　うん。だから、五分の一ぐらいの人たち、二割ぐらいの金持ちは入れるけど、あとの人は野垂《のたじ》れ死によ。

大川紫央　では、やはり、中国の統治の仕方に問題があるため、こうなっているのではないですか。

周恩来　いや、これからよくなるところだったのよ。

大川紫央　いやいや。

周恩来　これからほかの国の富を吸い上げて、均《なら》すつもりでいたから。

大川紫央　でも、「富を吸い上げる」ということは、その「お金を持っている人だけが病院に行ける」といった〝システム〟が、もっと世界に発信されるだけですよね。

周恩来　そんなことはない。アラブの石油をタダ同然で中国に持ってきたら、豊かになるじゃないか。

大川紫央　それで、アラブの人はどうするのですか。

周恩来　アラブは、あれは奴隷《どれい》階級に落ちるだろうけど。

大川紫央　ですから、そういう考えが、ウィルスを悪性化させているんですよ。

周恩来　うーん、よくは、それは分からん。

大川紫央　なぜ分からないのですか。

周恩来　そんな他人《ひと》のことは分からんよ、よくは。〝世界中国化計画〟なんだから。

大川紫央　では、もし、あなたが今、中東に生まれていて、中国の人がそういう思いを持っていると思ったら……。

髙橋　（笑）（質問者注。空調がついたことに周恩来氏が大きく反応した）

大川紫央　現代の魔法《まほう》で、今、空調がついたんです。

周恩来　私が中東に生まれている……？

大川紫央　ええ。もし今、中東にいて、中国の人が、中東の油を勝手に無料で自分の国に持ち帰って、「中東の人は野垂れ死ねばいい」と思っていると知ったら、どう思いますか。

周恩来　私が中東の人間なら、中国人にいかに高く油を売りつけるかを考えるよ。それは当然だろう。

大川紫央　でも、軍が来て、「油を高く売るなどというのは許さない」と言ったら……。

周恩来　それは、ハニートラップじゃ。

大川紫央　でも、イスラムの人にハニートラップをさせたら、絶対に戒律《かいりつ》に反するではないですか。

周恩来　いや、大丈夫《だいじょうぶ》。中国は無宗教で、いいから。

大川紫央　ああ、そうか。まあ、よく分からない話になってしまって申し訳ありません。

周恩来　宗教を捨てさす。

中国に革命を起こすなど許されないこと

周恩来　とにかくな、おまえら、何、どこまで考えとるんじゃ。どうするつもりで、こんな……。

大川紫央　いや、中国がどう考えるかによるんですよ。

神武　中国に原因があるんですよ。

周恩来　で、習近平《しゅうきんぺい》が何、習近平は天皇陛下《へいか》にコロナウィルスをうつしちゃいかんのか。

質問者一同　いかんです。

周恩来　そんなもん、潜伏《せんぷく》期間があるから分からんのだよ。

大川紫央　今、北京《ペキン》には、ウィルスはどのくらい侵入していますか。

周恩来　いや、それが分かるかよ。
そんなのどうやって数えるんだよ、もう。潜伏してるからよく分かんないんだよ。
宇宙人に取り憑《つ》かれているような感じだよなあ。

大川紫央　宇宙人が悪いわけではなくて、やはり、中国の見直すべき点が明らかになったほうが、今後の中国のためにもいいではないですか。

周恩来　『中国発・新型コロナウィルス感染　霊査《れいさ》』っていう題はよくない。『中国侵

略計画　悪い宇宙人と日本人がタッグを組んだ』って、こういう題がいいんじゃないか。

神武　いや、もう本の題は決まっているので。

大川紫央　逆に、中国も、中国の価値観を広げようとするのではなく、この機会に、アメリカや日本など、いろいろな国に入ってもらって、そのいいところをもっと取り入れたらいいのではないですか。

周恩来　もう、いいところなんか、なんもないよ。だから、今の中華街《ちゅうかがい》とかねえ、本当は中国人が集まるところが、今、非常に寂《さび》れ始めているんで。

大川紫央　いや、でも、普通《ふつう》に今の時代に新聞を読んでいて、「『中国にも言論の自由を』ということが、今、叫《さけ》ばれている」とか、「情報の開示を」とかと書かれている時点で、やや時代遅《おく》れなのではないかと、すごく違和《いわ》感を覚えますよ。

周恩来　それで、おまえが「女龍馬《りょうま》」といわれるのか。何か革命を考えとるな、おまえは。

大川紫央　いや、そんなことはありません。

周恩来「中国に革命を起こそう」っていうのは、それは許されないことだからな。

神武　でも、あなたたちご自身も革命を起こしてますよ。

周恩来　いや、「自分が起こす」のはいいんだよ。「他人が起こす」のは悪いことなんだよ。

大川紫央　しかも、マルクス、共産党は、「暴力を肯定《こうてい》する革命」ですからね。

周恩来　当然のことで。それは「首を斬《き》れ」ということだからさ。

大川紫央　そういうのは、人の幸福にとって、そんなにいいほうには働かないですよね。

周恩来　やっぱり、悪いやつらをやっつけなくちゃいけないからさ。

死後も中国にかかわり続ける理由

神武　あなたご自身は、もう死んで肉体はないのに、中国にかかわって、どういうメリットがあるんですか。

周恩来　だから、〝大仙人《だいせんにん》〟になったからね。永遠不滅《ふめつ》の命を持っとるんだよ。

大川紫央　おそらく、共産党の今の体制がもっと発展して世界に広がれば、歴史的に、自分の名声がもっと高まるんですよね。

周恩来　まあ、少なくとも先の……。戦争で日本軍がやろうとした大東亜《だいとうあ》共栄圏《けん》を、中国が乗っ取って、さらに、中東、アフリカ、ヨーロッパまで傘下《さんか》に収めて、アメリカと最終決戦をする。これが「基本戦略」だから。

大川紫央　何のために？

周恩来　それは、中国に全滅……、〝地球を中国化する〟からだよ。

大川紫央　そうしたら、あなたにどんなメリットがあるのですか。

周恩来　いや、だから、その首相じゃないか。

大川紫央　やはり、名声が高まるということですか。

周恩来　それはうれしいじゃないかなあ。

あの世での周恩来の姿形《すがたかたち》とは

大川紫央　もう四十九分も話してしまって、ごめんなさい。

周恩来　いやあ、実に紳士《しんし》的な人でしょ？

大川紫央　でも、きっと悪魔なのですよね。

周恩来　私は悪魔なわけがないでしょ。それは……。

神武　尻尾《しっぽ》とかは生《は》えていますか。

周恩来　ええっ？

いや、君には尻尾が生えているようだけど……。

神武　尻尾は生えていないいんですか？

周恩来　私は自分の尻尾を見たことはない。

神武　見たことない？

周恩来　鏡がないいんで。

神武　では、手は何色ですか。

周恩来　手は……。

神武　体の色は？

●君には尻尾が……　『第一イザヤ、第二イザヤの謎を解く』（宗教法人幸福の科学刊）参照。

周恩来　手の色だよ。

大川紫央　肌色《はだいろ》なのですか。

神武　体の色は？

髙橋　肌色……。

周恩来　ええっ？　体の色は、それは、紹興酒《しょうこうしゅ》を飲んだようなええ感じの……。

大川紫央　赤ら顔……。赤みがかった色？

周恩来　こんがりとしたいい色だよ。

大川紫央　紹興酒を飲んでいるのですか。ふうーん。

毛沢東《もうたくとう》は洞窟《どうくつ》の奥《おく》へ逃《に》げている

大川紫央　これからどこに帰るのですか。

周恩来　蓬萊《ほうらい》、蓬萊島《とう》に帰るんだよ。

大川紫央　そこではトップなんですか。

周恩来　うーん、よく分からんけど、まあ、そうなんじゃないかなあ。

大川紫央　ふうーん。

周恩来　あっちは、毛沢東《もうたくとう》は洞窟《どうくつ》におるから。

大川紫央　それは、普段からいるんですか。今、コロナが流行《はや》っているからいるんですか。

周恩来　今、洞窟の奥《おく》へ奥へ逃《に》げとるんだ。

大川紫央　自分の身がいちばん大事だから。

周恩来　うん。だから、「人が集まるとうつるから」と言って、なるべくな……。

神武　ああ……。霊界《れいかい》でも……（笑）。

大川紫央　やはり、「俺《おれ》を護《まも》れ」というスタイルなのですか。

周恩来　うん。

7 中国に必要な方針の転換《てんかん》

中国人は自国の政府に不信感を持ち始めている

周恩来　とにかくな、今、ちょっともう、中国人が政府に不信感を持ち始めているから。ちょっと、これはまずいことで。世界は、中国に不信感も持っているし、中国の経済成長とか文化的に進んでいると思ったやつを疑い始めているし。

うーん、そんなねえ、「何人病気に罹《かか》って、何人死んだか」とか、なんでそんなものを発表せないかんのだ。さっぱり分からん。

大川紫央　「なぜ、そんなことをわざわざ伝えなければいけないんだ」と。

周恩来　隠《かく》すべきでしょう、普通《ふつう》。

神武　「悪い情報は隠すべき」という考えですね。

周恩来　うん、それはそうだ。〝建国記念日〟とか今言ってるけど、まあ、〝亡国記念日〟にでもしてやりたいぐらいだって、もう。

神武　今、中国は亡国しそうなんですね。

周恩来　いやあ、ちょっとねえ、今、困っているの。対応を誤ると大変なことになるからなあ。

大川紫央　習近平《しゅうきんぺい》氏の娘《むすめ》さん（習明沢《しゅうめいたく》氏）は、何か対策をされているんですか。そのあたりが数字を操《あやつ》っていたりしますか。それとも、そういうわけでもないですか。

周恩来　いやあ、マスクを五枚ぐらいかけてるんじゃないかなあ。

大川紫央　あっ、なるほど。うつらないように。

神武　自分の身の安全のためですね。習近平氏の娘さんとは、霊的《れいてき》にお話をしたりはしないんですか。

周恩来　いや、そういうことはしないね。

神武　しないんですね。

大川紫央　では、本当に李克強《りこくきょう》氏だけと話をしているんですか。

周恩来　いやあ、ほかにもいるかもしらんけど、まあ……。

大川紫央　私たちが名前を知らないですものね。

周恩来　うん。
「コロナウィルスで日本のオリンピックを潰《つぶ》すぐらいのつもりはある」
大川紫央　それでは、さようなら。
周恩来　それでいいのか？
髙橋　はい。
周恩来　わしは、だから、「あの本を出して、何かいいことあるんか」って訊《き》きに来たんだ。
神武　本に書かれているとおり、情報開示をしたり正しい対策をしたりすれば、ウィルスは収まるのではないですか。

周恩来　いや、「日本が悪いことをしている」っていうことがバレるだけなんじゃないか。

神武　いえ、私たちは、別に何もしていませんよ。

大川紫央　日本も私たちも、特に何もしていないですからね。

神武　ただ、ウィルスが日本に入ってこないようにしているだけです。

周恩来　「R・A・ゴール」って何者だと……。

神武　宇宙人です。

大川紫央　自分で訊いてみたらどうですか。

周恩来　うーん、まあ……。

大川紫央　窓越《まどご》しに訊けなかったんですか？

周恩来　うーん。

大川紫央　絵にすると、すごく滑稽《こっけい》な絵になってしまいます。窓の外から見ていたんですよね？

周恩来　ああ……。うーん、よく分からない世界だ。とにかく、蓬萊島《ほうらいとう》に住んどるんでな。

大川紫央　自称《じしょう》ね。

周恩来　二千年ぐらいなら、まだまだ生きるだろう。

大川紫央　でも、唐《とう》の太宗《たいそう》とは話をしたりできないですよね？　『貞観政要《じょうがんせいよう》』の人です。

周恩来　太宗ねえ……。まあ、コネがないとね、会いにくいからねえ。うん。いやあ、唐よりもね、国際都市にするつもりでおるんで。

まあ、日本のオリンピックをねえ……。中国に対して、世界がそういう偏見《へんけん》の目で見て批判するなら、コロナウィルスで日本のオリンピックを潰《つぶ》してやるぐらいのつもりがあるんだがなあ。

大川紫央　オリンピックより大事なこともありますし。

周恩来　中国から一万人ぐらいの大選手団を送り込《こ》んだら、ウィルスだらけで、もう広がるだろう。

神武　オリンピックもどうなるかは分かりません。中国の方の入国も、そのころにはどうなっているかが分からないので。

周恩来　うーん。日本だけでは、まあ……。「日本は治療《ちりょう》できるのではないか」って、みんな感じてるらしいからさ。ちょっと怖《こわ》いんだよなあ。

ウィルスが流行《はや》るのは、そこに天意があるから

大川紫央　でも、中国はもう少し衛生等を考えたほうがいいですよね。

周恩来　衛生はもともと……。前の北京《ペキン》オリンピックのときに、衛生をちょっと考え始めたんですよ。

神武　そうですね。トイレを個室にしたり。

周恩来　なるべく見られないようにしようとしてた。

大川紫央　子供のころ、「中国ではトイレに扉《とびら》がない」という話を聞きました。

周恩来　うーん、見られないようにしないといけない。

大川紫央　ですから、これを機会にもう少しきれいにしたらいいのではないですか。

周恩来　だから、これで……、世界は今、悲惨《ひさん》な目に遭《あ》う。昔のなあ、コレラやペストが流行《はや》ったときみたいになるぞ。

大川紫央　でも、流行るということは、何かそこに天意があるということらしいですよ。この「天意がある」という思想は、もともと中国が持っていたのでしょう？

周恩来　よく分からんな。

大川紫央　天意です。

周恩来　「天」っていうのは、私のことだろうからさあ。

大川紫央　いえ、毛沢東《もうたくとう》氏もそう言うでしょう?

神武　みんな言っていませんか。

大川紫央　みんな言いますから。習近平氏の守護霊《しゅごれい》もそう言うんです。

周恩来　うーん。まあ、毛沢東も……。

今の中国の「統治の考え方」「人民に対する考え方」には疑問符《ふ》が付く

神武　「エル・カンターレ」をご存じですか。聞いたことはありますか。

●エル・カンターレ　地球系霊団の至高神。地球神として地球の創世より人類を導いてきた存在であるとともに、宇宙の創世にもかかわるとされる。現代日本に大川隆法総裁として下生《げしょう》している。『太陽の法』『信仰の法』（共に幸福の科学出版刊）等参照。

周恩来　いや、中国では、そんな人はおらんなあ。中国ではねえ。

神武　知らないけど、ここに来たんですか。

周恩来　うーん、●寿老人《じゅろうじん》のことかなあ。

神武　違《ちが》います。

周恩来　うん？

大川紫央　なぜ来たのですか。吸い寄せられた？

周恩来　なんで来たって……。うーん。

大川紫央　今、コロナウィルスに……。

●寿老人　七福神の一人。長寿を授《さず》ける神とされる。

周恩来　いや、責任感を……。「中国のオーナーだ」と思って、責任感を強く自覚していると、来ちゃったんだから。

大川紫央　なるほど。

神武　解決したいと思って来たのですか。

周恩来　うーん……。

神武　そうであるなら、方針を変えるのがいちばんですよ。

周恩来　いや、君らが何か後ろから糸を引いてるんじゃないか。

大川紫央　いえ、引いていません。

周恩来　巧妙《こうみょう》な嘘《うそ》を書くからさあ。

大川紫央　いえ、それは中国のほうです（苦笑）。

神武　では、本がもうすぐ発刊されるので、それをお読みください。

周恩来　うーん。中国嫌《ぎら》いがもっと増えるのと違うのかなあ。

大川紫央　中国の国民のみなさんに対しては、別に嫌いだなどと思うわけではありませんよ。今の中国の体制に対して、そう思うだけです。体制というか、「統治の考え方」や「人民に対する考え方」に対して、疑問符《ふ》を持っているだけです。

周恩来　日本人は潜在的《せんざい》に「差別感」を……、中国人を差別する気持ちがあるからねえ。「不潔だ」っていうことを、今度は言うんじゃないかなあ。

神武　いえ、そんなことはないですよ。学校でも、古典で漢文を習ったりしますし。

周恩来　中国も文化的レベルが上がってるから、菌《きん》に弱くなってきてるからね、今ね。もしかしたら、コロナウィルスなんか、インドに持っていったって、インド人なんか、何にも罹らないかもしれんから。

大川紫央　なるほど。「きれいにしすぎて、人間自身が弱くなっているぞ」と。

周恩来　みんな平気でねえ、ウィルスを〝消化〟しちゃうかもしれないからさ。

神武　新しい見方です。

周恩来　中国もちょっと今、発展したため、弱くなっているんだよな。

大川紫央　なるほど。

周恩来　それだったら、衛生環境《かんきょう》をもっと強引《ごういん》に進めなきゃいけないんでな。

大川紫央　この私たちの会話を、いったいどれほどの方がきちんと聞いてくれるんでしょうか。

周恩来　まあ、世の中は不思議だということだよ、うん。

大川紫央　そうですね。

神武　分かりました。では、蓬萊島にお帰りください。

周恩来　はい、はい。はい。

中国に必要なのは、信仰《しんこう》による新しい国づくり

大川紫央　とにかく、問題を解決したいなら、ご自分の考え方のなかに、何か間違いがあると……。

周恩来　それは、ない。それはないんで。

神武　では、来る意味はないじゃないですか。今日、来た意味はないことになります。

大川紫央　そうですよ。原因を探《さぐ》りに来たんですよね。

周恩来　いやいや、中国が今、だから困っとるから、相談に来たんじゃないか。何を言っているんだ。

大川紫央　では、何かしてほしいことはありますか。

周恩来　だから、もし、何かおまえたちが仕掛《しか》けをしてるんだったら、「仕掛けるほうは、ちょっと、どうにかやめてくれんか」っていうことを、こう、国の代表として来てるんじゃないか。

大川紫央　いえ、仕掛けているというか、ご自分の考え方のなかに間違いがあるから、それを直せば感染症《しょう》も治るということですよ。

周恩来　そういう嘘をつくなよ。

だから、革命を起こそうとしてるんだったら、それは思いとどまってもらわないと。中国で革命を、今、起こそうとしたら、死刑《しけい》しかないからねえ。

神武　では、あなたたちがまた、革命を起こしたらいいのではないですか。「エル・カンターレ信仰《しんこう》」という新しい信仰をお持ちいただいて、新しい国づくりをしたらいいのではありませんか。もう一回、革命……。

周恩来　蓬莱山《ざん》の頂点にいて、何の革命をする必要があるの？　永遠の生命を得ているんだよ。

大川紫央　それなら、そのまま変わらないのではないでしょうか。

神武　そのままで、状況《じょうきょう》は変わらないと思います。それではお帰りください。

周恩来　うーん。おまえら慈悲《じひ》のない人間だなあ。

大川紫央　いえいえいえいえ。

周恩来　それだけは分かったわ。

神武　いえ、もう十分にお付き合いしましたので。一時間ぐらい。

周恩来　日本の時代は終わったんだ。日本の時代は。

大川紫央　私たちの言っていることをしてくれたほうが、周恩来氏にとってもいいし、中国の「億」の単位の方々にとっても、本当の人間の尊厳のためにいいことなんですよ。

周恩来　おまえらも弱くなったんだ。昔の日本軍は、「日本兵一人で中国人百人を相手にできる」って言われてたぐらいなんで。強かったのになあ。

大川紫央　尊敬してくれているんですか。

周恩来　弱くなったなあ。弱くなった。うん。

自分自身がマスクをすることを考えていなかった周恩来

周恩来　まあ……、また来るかもしんないけど。とりあえず、今日はちょっと変なものを見たので。

神武　炎《ほのお》のことですか。

周恩来　ファイアーボール。

大川紫央　では、今、周恩来さんもあの世で……。

周恩来　「あの世」って言ったら、分からんって。

大川紫央　分かりました。コロナウィルス対策に追われているということですね。

周恩来　この世ですから、それ。まあ、宇宙人というのが現実的に存在することはありえるんでなあ。

神武　ちなみに、周恩来さんは今、マスクをしているんですか。

周恩来　それは考えてなかったなあ。

髙橋　考えていない？

神武　マスクをしていない？

周恩来　分からない。

髙橋　ご自分は対策をされていない？

周恩来　考えてなかった。それは考えてなかった。

神武　やはり、それは霊だからじゃないですか。

周恩来　うーん。考えてなかったなあ。

大川紫央　やはり、霊を認めたらいいのではないですか。「自分は魂《たましい》なんだ」と。

周恩来　仙人《せんにん》だからねえ。仙人だから、それはねえ、それは、うーん……。

神武　分かりました。では、仙人のお住まいにお帰りください。

周恩来　うーん。

髙橋　ありがとうございます。

大川隆法　（手を一回叩《たた》く）まあ、困っているということなのでしょう。

古来、釈迦《しゃか》のように悟《さと》りを開いた人には、人知を超《こ》えた六種の自由自在の能力「六神通《ろくじんずう》」（神足通《じんそくつう》・天眼通《てんげんつう》・天耳通《てんにつう》・他心通《たしんつう》・宿命通《しゅくみょうつう》・漏尽《ろじん》通《つう》）が備わっているとされる。それは、時空間の壁《かべ》を超え、三世《さんぜ》を自在に見通す最高度の霊的《れいてき》能力である。著者は、六神通を自在に駆使《くし》した、さまざまなリーディングが可能。

本書に収録されたリーディングにおいては、霊言《れいげん》や霊視《れいし》、「タイムスリップ・リーディング（対象者の過去や未来の状況《じょうきょう》を透視《とうし》する）」「リモート・ビューイング（遠隔《えんかく》透視。特定の場所に霊体《れいたい》の一部を飛ばし、その場の状況を視《み》る）」「マインド・リーディング（遠隔地の者も含《ふく》め、対象者の思考や思念《しねん》を読み取る）」「ミューチュアル・カンバセーション（通常は話ができないような、さまざまな存在の思いをも代弁して会話する）」等の能力を使用している。

第5章　R・A・ゴールのメッセージ

——UFOリーディング㊺——

二〇二〇年二月十七日　収録

幸福の科学　特別説法堂《せっぽうどう》にて

R・A・ゴール

こぐま座アンダルシアβ《ベータ》星の宇宙人。宇宙防衛軍の司令官の一人であり、メシア（救世主）資格を持つ。

質問者

大川紫央《おおかわしお》（幸福の科学総裁補佐《ほさ》）

［役職は収録時点のもの］

1　中国変革への強い意志

強い意志を持って瞬《またた》いている光をリーディングする

大川隆法　向こうのものは瞬《またた》いていませんから。風とか大気の揺《ゆ》れだったら、同じようにに瞬かなければいけません。
　あれも動いていきますね。この二つが……。

大川紫央　（カメラを）ちょっと動かします……。

大川隆法　あれは何か意志があるよ。意志がある。

大川紫央　止めました。

大川隆法　映っていますか。

大川紫央　はい。

大川隆法　ここは港区《みなと》です。南側でしょうか、わりあい低めのところで、強い光を放っているものがありますが、意志を持っているように感じられます。南側で、低いところで、強い意志を持っています。ほかの、星に見えるものよりはずっと大きいものです。

※以下、「　」内のゴシック体の部分は、大川隆法がリーディングした宇宙人の言葉である。

大川隆法　何か言いたいことがありましょうか。

本収録動画に映ったR・A・ゴールのUFO

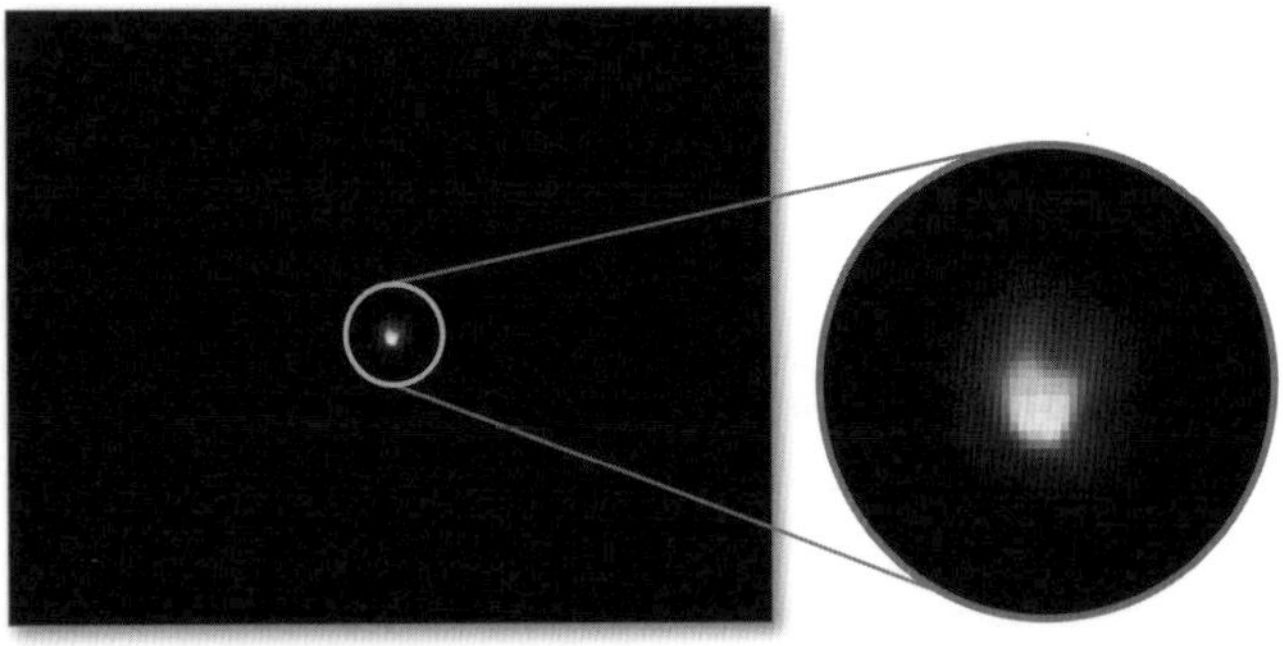

発見者：大川隆法／撮影者：大川紫央
2月17日21：59／東京都（右は拡大写真）
※カバー袖にカラー写真を掲載。

どちら様でしょうか。

「R・A・ゴール。R・A・ゴール」。

大川紫央　はい。先日はありがとうございました。

大川隆法　「はい、はい」。

和歌山に感染者が出た理由

大川隆法　「まあ、被害《ひがい》は拡大しているようですね」。

大川紫央　そうですね。まだ広がっております。

大川隆法　「東京オリンピックも、危険になってきつつあるようですね」。

大川紫央　はい。

●先日は……　2020年2月7日収録の「中国発・新型コロナウィルス感染 霊査」のなかで、R・A・ゴールが質問者の疑問に答えた。『中国発・新型コロナウィルス感染 霊査』(前掲)参照。

大川隆法　「それに、消費税上げ以降の政権の、景気動向は、どんどん悪くなってきていますね。

昨年の十月から十二月はものすごく……、（ＧＤＰが）マイナス六・三パーセントだと言っていますが、一月から三月はさらに悪くなりますから、まあ、失敗、大失敗ということにたぶんなって。やっぱり、習近平《しゅうきんぺい》の国賓《こくひん》としての招聘《しょうへい》とオリンピックが引っ掛《か》かってきて、かなり厳しいですね」。

大川紫央　そうですね。

大川隆法　「あと、税金の使い方や、まあ、政権への攻撃《こうげき》がちょっと強くなってきていますね。

『さあ、どうしようかなあ』と今、考えているところなんで。

東京マラソンは、もう一般人《いっぱんじん》は参加させないというように言っていますね」。

大川紫央　そうですね。コロナウィルスのことがありますからね。

大川隆法　「世界がね、今、急ブレーキをかけられて、世界が今どう動くか、困っているところですね。

でも、日本は二番目に近い感じになってしまっているので、影響《えいきょう》を受けていますね」。

大川紫央　そうですね。

大川隆法　「和歌山に感染者が出たのは、明らかに、幹事長との関連だと思いますね」。

大川紫央　中国詣《もう》でをされている方ですよね。

大川隆法　「そうそう。『中国に見舞金《みまいきん》を送ろう』とか、あくまでも招聘しようとしていますね。ちょっと時代遅《おく》れの方がやってはおりますのでね」。

●日本は二番目に……　収録当時、日本国内の新型コロナウィルスの感染者数は世界で２番目だった。

大川紫央　なるほど。「そういう意味合いもあって、そこに感染者が出てしまっているということもある」と。

大川隆法　「感染者の数は今、数万人……、六万人を突破《とっぱ》していると思いますが、やっぱり、これは、こんなものでは止まらないし、現時点での実数はもっといますね、たぶん。統計は、もうそろそろ操作し始めている」。

大川紫央　UFOがぐんぐん動いています。

大川隆法　「動いていますね。激しく点滅《てんめつ》して、動いていると思います。ええ」。

「中国への依存《いぞん》を見直せ」という天意の働き

大川隆法　「今はね、われわれも議論を煮詰《につ》めているところなんですけどね。日本も、そうとう、経済的にはダメージは出ます。ただ、そのダメージの結果が、

『野党連合が勝つだけ』だと、それも厳しいので」。

大川紫央　コロナウィルスではなかったとしても、中国の実体経済には怪《あや》しいところはあるので、このまま中国に依存《いぞん》するかたちでの日本経済だと、どこかでは行き詰まる可能性が高かったのは高かったんですよね。

大川隆法「うん、そうですね。貿易が縮小されて、日本の工場が引き揚《あ》げをして、もちろん、部品がつくれないために日本の国内生産が止まっているものもあるけれども、やっぱり、国内でつくれるようにシフトしていかないと。あちらのほうでつくっていると、続かなくなりますね」。

大川紫央「ずっと頼《たよ》りにしていると、あちらで何かあった場合、自国も危《あや》うくなってしまう」という。

大川隆法「そうそう、そうそう。『人件費の安さだけを目当てにして工場をいっぱいつくって、部品とか下請《したう》けをいっぱいやらせていて、それで経済繁栄《はんえい》をやろうと思ったところが、向こうのほうが繁栄してしまった』という状況《じょうきょう》ですね。

『これを見直せ』という意味ですね。天意は働いています。

まあ、多少、痛みは伴《ともな》うかなと思いますけれども、やっぱり、国内、日本一国中心《にほんいっこく》にでも生き延びていける政策を立てないといけないでしょうね。

中国は、もうすぐ〝閉鎖状態《へいさ》〟になると思いますよ」。

中国のこれ以上の経済発展は許さない

大川紫央　中国自体の内政について、中国の方たち自身にも、もう少し関心を持っていただかないといけないということですよね。

大川隆法　「ええ、そう。内部から、『情報公開せよ』『対応が悪い』ということを言ったら、そういう人たちをたちまち拉致《らち》したり、監禁《かんきん》したり、消してしまっている。

この状況のなかでね、経済的に繁栄しているというふうに見せようとしているのはね、やはり、無理があるんですよ、これは」。

大川紫央　一種のまやかしというか、やはり、ちょっと……。

大川隆法　「麻薬《まやく》みたいなものなんですよね。〝麻薬経済〟ですね、ある種のね。だから、やっぱり、これ以上の発展は悪なんですね。いったん、自分たちのあり方を見直す必要があるわけで。

『社会主義』あるいは『共産主義』という名の〝麻薬〟なんですよ。『これが成功のもとだ』とみんなが思い始めたら、人権は潰《つぶ》れて、世界には、そういう『一党独裁』や、あるいは、『専制政治』が広がるようになっていきますからね。それを許すわけにはいかないんです。

今回のコロナウィルス感染のシステムを、全貌《ぜんぼう》を明らかにすることはまだできませんが。北京《ペキン》には、もうそうとう入っていますが、この数字だけは発表しませんね」。

大川紫央　武漢《ぶかん》だけで発生しているかのような感じですよね。

大川隆法　「そう見せているけどね。そんなことはないですね。北京市内でもそうとう出ているんですが、対応できないんですね。

それに対応して、ああいうふうな避難《ひなん》キャンプ、看病病棟《びょうとう》をつくったりしたら、例えば、天安門《てんあんもん》広場に、そういうテントをいっぱい張って、ベッドをいっぱい入れてやったりしたら、もう、世界の見るところになりますから。そういうことはできないので、今、一生懸命《いっしょうけんめい》、隠蔽《いんぺい》をしようとしていますね。本当は、もう万の単位、出ているはずです。

まあ、これはソ連邦《れんぽう》の崩壊《ほうかい》と同じ過程ですけどね。やっぱり、『内部の悪い情報を公開する』のと、『世界が助けようとする』のと、まあ、同じだと思うんですよね。『実は、内臓にすごい悪いものを持っているのに、外だけ元気そうに見えていた』っていう状態ですかね。

あとは、今、北朝鮮《きたちょうせん》と韓国《かんこく》へのダメージもすごく大きくなってきていますね。

まあ、でも、これが今、最後のチャンスだったかなと思うんですよ。ここでね、ストップをかけないと、大きな世界戦争に必ずなっていったと、私は思いますよ」。

大川紫央　そうですね。

大川隆法　「慢心《まんしん》して、とどまるところを知らない。自分たちの快進撃だと思っていたものがみんな、〝廃墟《はいきょ》〟に変わっていきますから」。

アウシュビッツ化しつつある中国の現状

大川紫央　結局、日本も、中国の経済に頼りすぎて、言うことをきかないと生きていけない感じになってしまいつつあったので。

大川隆法　「そうそう」。

大川紫央　ほぼ、そうなっていますけれども、そうなると、やはり、主従関係のようになってしまいますものね。

大川隆法　「そうそう。大量の観光客を送る。顧客《こきゃく》になって買ってやる。日本の工場生産のための、何て言うか、支えてやる。それから、中国の一帯一路《いったいいちろ》の経済戦略に日本を参加させてやる。まあ、だいたい、こういうことでしょう？　そして、『中東からヨーロッパまで押《お》さえる』ということだったと思うんですが、絶妙《ぜつみょう》なタイミングでのブレーキをかけました。

中国は、今、外部に人が出せないし、外部から人が来ないし、国内から工場を引き揚げているし、脱出組《だっしゅつぐみ》が相次いでおりますから、この巨大《きょだい》な中国自体が、〝アウシュビッツ〟みたいに、今、なりつつあるんですね。

この人数がね、やがて百万人とかいう数字になってきたら、もう、中国から逃《に》げたい人でいっぱいになっていきます。

次は、そうした感染した人たちを、彼らがいじめ抜《ぬ》いている、そういう自治区みたいなところに集め始めますからね。

そうすると、取材が及《およ》ばなくなるので、隔離《かくり》して、死なせていくようにするだろうと思うのを、まあ、世界が見逃《みのが》すかどうかということでしょうね」。

大川紫央　中国の国内の方々も被害者であったというか、解放はしなければいけないということですものね。

大川隆法　「『台湾《たいわん》と香港《ホンコン》だけが病気に罹《かか》って、頭がおかしくなって、この大発展が見えないんだ』というような、そういう洗脳だったと思うんですが、中国本土のなかにいる人たちまで、『実は、われわれは騙《だま》されていたのではないか』と。情報を蓋《ふた》されて、人命を軽《かろ》んじられて、そして、『ただただ言うことをきけ』と情報統制をかけられて、政府に意見を言った者は消される。これは、本当の意味において、ジョージ・オーウェルの、何て言うかね、そういう全体主義国家が今、あるんだということを知りつつあるでしょうね」。

大川紫央　人間が本当に〝家畜《かちく》〟になって、監視される社会。

大川隆法　「SNSだとか、ケータイやスマホがいくらあっても、情報管理され、統制され、摘発《てきはつ》される……」。

大川紫央　〝逆利用〟されるという……。

大川隆法　「逆に摘発されていくのでは意味がないですわね」。

大川紫央　先日も、新聞に、「武漢市の様子など、いろいろとネットにアップしている人たちが数名、突然、姿を消している」と……。

大川隆法　「ああ。これから、そういうことが多くなっていくと、ナチスによく似てくるんです」。

大川紫央　はい。「おそらく、取り締《し》まられたんだろう」と。

大川隆法　「反政府勢力を一掃《いっそう》するっていう。
最後は、このウィルスさえ逆利用する可能性はあります」。

大川紫央　なるほど。

大川隆法　「集団で彼らを集めれば、放置すれば死にますからね、いずれ。まあ、そういうことが起きるのではないでしょうかね」。

「正しくないものは、世界に影響《えいきょう》を与《あた》えすぎてはならない」

大川紫央　どうして、他者に対して、そこまでできるのでしょう。権力を持っているからでしょうか。

大川隆法　「いや、やっぱりね、『神の子だ』という意識がないからですね。『神の子だ』っていう意識がないんですね」。

大川紫央　ああ、飛行機が……。

大川隆法　「飛行機が下に見えます、今ね。

今、超《ちょう》低空でやっているが、オリンピックはどうなりますかね。オリンピック用に低空飛行の練習をしていますけどね。これ、けっこう厳しいと思いますよ」。

大川紫央　かなり厳しいでしょうね。

大川隆法　「マラソンが止まるし、皇居参賀、誕生祝いに行くのも集まれなくなって、人が集会できなくなって。

今、あなたがたは講演会場が取れないで困っていますが、ガラガラになっていくかもしれませんね。

まあ、日本も、いったん、かなり厳しい状態になるけど、国内のこの体制を切り替《か》えなければいけない。中国依存体制を変えなければいけないと思うし、『悪なる勢力を発展させてどうする』という言論が強くなるのが本当だと、私は思いますね」。

大川紫央　すみません、先ほど話を途切《とぎ》れさせてしまったのですが、「全体主義のなかで統治者になる人たちには、やはり、『人間・神の子』という考え方がない」と。

大川隆法　「まったく持っていない。だから、管理して、統治して、言うことをきかせていいと思っているわけで。

あえて生き物としても、まあ、豚《ぶた》を飼っているようなものなんですよ。〝十四億人の豚〟を飼っているんですよ。

まあ、一部のエリートたちは、『自分たちは神の分身《ぶんしん》』と思っているかもしれないけどね」。

大川紫央　不思議なのが、行きすぎた左翼《さよく》とかリベラリズムとかになると、「人間は神仏の子であるから尊い」というのではなくて、「そもそも、この世の命が最も大切であるから、大切にしなければいけない」となってしまいます。一方、そういう人たちは、すごく中国寄りの、中国に何も言えない感じが強いように感じますが、それは、なぜなのでしょうか。

大川隆法　「日本は、でも、まあ、政治……、保守の政党のほうも言えないし、左翼のほうも、はっきりとした非難が言えない、非常に不思議な国になっていますよね。

ちょっと、経済依存が過ぎている状況ですね。

だけど、『正しくないものは大きくなってはならないし、世界に影響《えいきょう》を与《あた》えすぎてはならない』ということを、やっぱり知るべきだと思いますね。

だから、たいへん気の毒かとは思いますが、〝もう一段の見せしめ〟は必要だと思いますので。

まあ、横浜《よこはま》港でクルーズ船がね、監禁されて、毎日、みんな、それを見続けたり、屋形船で罹ったりしているから、『人が集まるのが怖《こわ》い時代』に入ろうとしていますけどね。

まだ、『対抗《たいこう》ワクチン』はつくれないはずなんです、この速度では。だから、まあ、世界がちょっと分離される時期に入りますけどね。

そのなかで、『正しい考え方』を広めなければいけない。

私たちは、中国国内で、『多元的な価値観』と『言論の自由』、『報道の自由』等が実現するまでは、これを終わらせるつもりは、実はないんで」。

2　「日本よ、国家たれ」

「無神論の国ではないことをはっきりすることが、国の独立を護《まも》る」

大川紫央　日本も、中国の感じに似てきているところもあるので……。

大川隆法　「似てきています、とても」。

大川紫央　やはり、「もう一回、信仰心《しんこうしん》と共に、真なる民主主義を目指す国づくりをしなければいけない」ということですよね。

大川隆法　「似ているんじゃないですか。安倍《あべ》政権に批判できないように、（安倍首相）本人が押《お》さえ込《こ》みに入って、マスコミから、ねえ？　検察や警察から全部、体制側に取り込みに入っていっていると思いますよ。

これは、まあ、経済的な失速と国民からの怨嗟《えんさ》の念が、声が、聞こえてきますからね。まあ、これからどうするか……、要するに、もう早くも、政界のほうは後継者争《こうけいしゃ》いに入っていますのでね。『誰《だれ》ならいけるか』ということで。まだ、『親中性の強い、親中派の人が後継になるのがいいのかどうか』というようなことをやっていると思いますけど。もうちょっと、その考えをはっきりさせるところまでやろうと思っています。

だから、ちょっと、久しぶりに〝厳しい状況《じょうきょう》になる〟と思いますが、数はそうとう、天文学的な大きな数に、きっとなると思う。

まあ、「億」まで行くかどうかはちょっと分かりませんけれども、そうとうなところまで行って、〝世界のベクトル〟が変わるところまではやるつもりです。

それから、日本には、あなたがたには、『信仰ワクチン』という言葉も与《あた》えましたけれども、やっぱり、『無神論の国でないということをはっきりすることが、国の独立を護《まも》ることになる』ということを教えたい」。

大川紫央　なるほど。「それが民族が分かれている理由でもある」というところもありますものね。

大川隆法　「そうそう、そうそう。まあ、危ないです。今のままだと、衛星国の一つに吸収される可能性がありますね」。

大川紫央　はい。

「R・A・ゴールもなめちゃいけないよ」

大川隆法　「この前は、『エル・カンターレをなめちゃいけない』と言ったが、『R・A・ゴールもなめちゃいけないよ』と、一言《ひとこと》、言っておきたい。私たちは、本当は、もう一段強い力を持っているんですよ。コントロールする力があるんですよ」。

大川紫央　弟子《でし》としては、やはり、私たちの力不足で、宇宙の方にここまでしていただかないといけなくなってしまって、ある意味で、本当に申し訳ないなとも思っておりますけれども。

大川隆法　「いやあ、私たちはね、感謝されたことなんか、まったくありませんので。今までも、いろいろと、いろんなときに関与《かんよ》してきているんですけどね、感謝されたことなんか、一度もありませんよ」。

大川紫央　本当にすみません。

「勤勉の精神を取り戻《もど》すことが大事」「もう一段の脅威《きょうい》は来ます」

大川紫央　本来、人々が気づかなければいけないものに気づくまで、世界に災《わざわ》いが広がっていくとしても、結果的には、それはやはり、乗り越《こ》えるべき人類の課題だと思いますので。

大川隆法　「ああ、うん。

まあ、でも、今年中に、方向性だけは、はっきり見えるようにしますからね。日本は、かなり景気が悪くなり、失速することに対する悲観論がそうとう出るとは思いますけれども、それは当然のこととして、国を立て直すことを考えたほうがいい。もう一回、〝一九九〇年以降をやり直す〟つもりでやったほうがいいと思います」。

大川紫央　今、日本人の美徳であった勤勉さなども……。

大川隆法　「うん。大事ですよ」。

大川紫央　それとは〝逆の方向〟にも行きつつありますしね。

大川隆法　「まあ、中国人の金儲《かねもう》けもね、特に南部のほうも、本当に、エコノミック・アニマルとしてのお金儲けにしかすぎないし、その金満《きんまん》ぶりを見せつけるために、金を落として、買い物をしたり旅行したりしていたんですけれども。

まあ、厳しい時代になるでしょうね。

あなたがたの世界で言えば、『二宮尊徳《にのみやそんとく》精神』や『サミュエル・スマイルズ精神』を取り戻《もど》すことが、やはり大事だと思いますね。

まあ、まだもう一段の脅威《きょうい》は来ます。

ただ、私たちは、最終的には、救う方法まで持っていますから、大丈夫《だいじょうぶ》です」。

「中国に依存《いぞん》する経済や政治は改めるべき」

大川紫央　でも、こういう過程を乗り越えて、本当の意味で、真なる人類の魂《たましい》の救済をしようとしてくださっていますからね。

大川隆法　「そうなんですよ。だから、天罰《てんばつ》を与えないと分からないようでは、本当に情けないことで。人間たちが、それを判断できなければいけないんですけれどもね」。

大川紫央　そうですね。

大川隆法　「まあ……、天罰と分かるところまでは行くと思いますよ」。

大川紫央　でも、天罰ということにも気づかないぐらいにまでなっていますから。もう何でもかんでも、天候等も科学で説明しようとしていますからね。

大川隆法　「まあ、左翼《さよく》から見ると、『天罰』っていうのもまた、非常にねえ、人権弾《だん》圧《あつ》みたいに、逆に見る人もいるんでねえ」。

大川紫央　そうそう。そういう人も、いますからね。

大川隆法　「ええ。まあ、路線を変えるべきですね。違《ちが》った意味での繁栄《はんえい》を考えなければいけないということで。まあ、中国に依存《いぞん》する経済や政治は、ちょっと、改めるべき方向に考えたほうがいい。またすぐに回復するみたいなことは考えないほうがよろしいと思います。

これ、『天意』だからね」。

大川紫央　はい。

大川隆法　「あと、朝鮮《ちょうせん》半島も改造するつもりでいるので。まあ、統一朝鮮をつくる気でいたのは間違いないので、ええ」。

大川紫央　本当に目指しているようですね。●先日も、文在寅《ムンジェイン》さんの生霊《いきりょう》が来ましたしね。

大川隆法　「そうそう。ところが、中国も、この現状で、とたんに計画が狂《くる》ってきていますので、統一朝鮮の、この侵略《しんりゃく》的な夢も同時に打ち砕《くだ》きますので」。

二〇二〇年はインディペンデントであることを勉強する年

大川隆法　「私たちは、できるだけ平和的な方法でやろうとしているんですよ、これ

●**先日も……**　2020年2月5日に「文在寅守護霊・ヤイドロンの霊言」を収録。『中国発・新型コロナウィルス感染 霊査』所収。

でも」。
大川紫央　本当にそうですよね。こうしたことがなければ、本当に人間同士の戦争になって……。
大川隆法　「本当に実弾が飛び交《か》う、核《かく》ミサイルが飛び交う時代になります」。
大川紫央　人は死に、建物はなくなり、という……。
大川隆法　「そうです。それは、あまりうれしいことではないでしょう？」
大川紫央　はい。
大川隆法　「誰がしているとも分からずに、謎《なぞ》の宇宙人が、そうした『天の怒《いか》り』を表している状況ですね？」

大川紫央　はい。

大川隆法　「ただ、もしかすると、このコロナウィルス以外の天変地異が近づいているかもしれません。それを教えてあげたいなと思っています」。

大川紫央　はい。

大川隆法　「まあ、今年は、そういう意味で、『耐《た》え忍《しの》びのとき』でもあるし、『インディペンデントであること』を勉強する年でもあると思います。『日本よ、国家たれ』ということを、もう一度言いたいし、やっぱり、『世界の導きとなれ』ということを言いたいですね」。

３　宇宙的正義を打ち立てる

大川紫央　習近平《しゅうきんぺい》氏が反省しないかぎり、やめるわけにはいかない

R・A・ゴールさんは、大丈夫《だいじょうぶ》でしょうか。

大川隆法　「何でしょうか」。

大川紫央　いえ、これだけのことを発信もしてくださっていますので、〝向こうから狙《ねら》われる〟可能性などもあるとは思うのですけれども。

大川隆法　「まあ……、hidden name《ヒドンネーム》（秘《ひ》せられた名前）ですから、大丈夫です」。

大川紫央　本当にお気をつけて。

大川隆法　「はい。まあ、いずれ、もっともっと、私自身のことを明かすことができるようになると思います」。

大川紫央　はい。

大川隆法　「雲が後ろに流れているでしょ？　ね？」

大川紫央　はい。

大川隆法　「雲が後ろに流れている。だから、私の、高さはそんなに高いところじゃないんですよ。これ、今、五百メートルぐらいのところにいるんですよ、地上からね」。

大川紫央　なるほど。

大川隆法　「いや、節目《ふしめ》にはまた来ますが、ちょっと衝撃《しょうげき》は出ていますが、まだ決定的なものまで考え方は変わっていませんから」。

大川紫央　まだ反省するところまでは行っていませんか。

大川隆法　「ああ、行ってない。まだ行ってない。全然行ってないので。習近平《しゅうきんぺい》が、『敵は悪魔《あくま》だ。悪魔を殲滅《せんめつ》する』って言っている状態ですので。まあ、これでやめるわけにはいかないですね」。

唯物論者《ゆいぶつろんしゃ》は「この世の生《せい》」に執着《しゅうちゃく》し、「自己保存」が強くなる

大川紫央　人が亡《な》くなるときというのが、人間にとっても最大の恐怖《きょうふ》になりますけれども、「亡くなるときに、あの世があるかどうかさえ分からずに亡くなる」というのがいちばんの恐怖ですからね。

大川隆法　「いや、死んでも分かってないしね」。

大川紫央　そう。「死んでも分からない」と、今日、マーリン様もおっしゃっていました。

大川隆法　「うん。で、唯物論者《ゆいぶつろんしゃ》は、逆に、ある意味では、この世の生《せい》に本当に執着《しゅうちゃく》していますからね」。

大川紫央　だから、余計に「自己保存」も強くなるし、他者はどうでもよくなるし、「自分の欲」を実現したくもなるし……。

大川隆法　「そうそうそう。だから、今こそ、日本から道徳を発信すべきときだし。今、『日本発の思想』が中国を変えるべきときだと、私は思いますよ。

まあ、安倍《あべ》さんも、ちょっと全体主義の方向に寄っていっているのでね、今、あなたがたの考えがたいへん大切なときだと思いますよ」。

●今日、マーリン様も……　2020年2月17日に「魔術師マーリンの霊言」を収録。

大川紫央　はい。

大川隆法　「頑張《がんば》れ！　幸福の科学」。

大川紫央　はい。本当に。すみません。

大川隆法　「はい」。

R・A・ゴールが乗ってきたUFOとは？

大川紫央　最後に、UFOリーディングになりますので、今日のUFOの形を教えてください。

大川隆法　「今日はですねえ、まあ、横七十メートルぐらい、縦三十メートルぐらいの、うーん……、そうだねえ、やっぱり正月のコマを上下でくっつけたような感じの形にはなっています」。

大川紫央　なるほど。
　何階建てですか。

大川隆法　「何階建て？　まあ、だいたい三階建てのを……。上三階、下三階ぐらいですから、ええ」。

大川紫央　はい。今日のＵＦＯは何人乗りですか。

大川隆法　「今日は、五十三人乗っています」。

大川紫央　けっこう大きいですね。

大川隆法　「大きいですね。まあ、司令船ですし、戦艦《せんかん》なんで、私たち、武器も持っています。

だから、万一《まんいつ》ですね、何か攻撃《こうげき》してくるものがあれば、私たちの武器で応戦します。いわゆる、レーザー砲《ほう》のようなものを持っておりますし、もう一つ、『レーザー砲よりもっと上の武器』も持っているんです。

『レーザー砲の上の武器』っていうのは何かっていうと、われわれが、その焦点《しょうてん》を絞《しぼ》ったところのものを異次元に吹《ふ》っ飛ばしてしまうものがあるんです。そういう『異次元バズーカ砲』というのがあるので。

だから、ほかのUFOとか、そういうものの悪質なものが来たときに、丸ごと宇宙の果てにすっ飛ばしてしまうようなものも持っています」。

大川紫央　なるほど。

「私たちは宇宙的正義を打ち立てる」

大川紫央　すみません。R・A・ゴールさんにお訊《き》きしてよいのか分からないのですけれども、年初に、総裁先生がフリートのようなものを見て、そのあと、霊査《れいさ》したら、中国系というか、あまりよくない宇宙人がここに基地をつくろうとしていたということがあったのですけれども、それは……。

大川隆法　「ああ。中国大使館がありますからねえ。彼らも、ときどきは来ているけれども」。

大川紫央　あっ、近くですね。

大川隆法　「でも、いられたのは一分間ぐらいです。追い払《はら》いましたので」。

大川紫央　あっ、そうですか。なるほど。ありがとうございます。では、払われたということですね。

大川隆法　「はい。大丈夫です。技術的に、私たちのほうがもう一歩進んでいるので、ええ。

戦艦が、あるいはＵＦＯが大きいからといって、強いわけじゃありませんで、やはり、科学技術のレベルによりますので。われわれには、今、勝てないです」。

大川紫央　なるほど。

大川隆法　「ええ。最強ですから、今」。

大川紫央　はい。

大川隆法　「はい。護《まも》ります」。

大川紫央　本当にありがとうございます。

大川隆法　「徹底《てってい》的に護りますから。

ただ、あなたがたの考え方が世界に広がるまで、やり続けます」。

大川紫央　はい。

大川隆法　「頑張ります」。

大川紫央　それが、本当の意味でのこれからのゴールデン・エイジということでしょうし……。

大川隆法　「ゴールデン・エイジは、〝これ〟です！　私たちは『宇宙的正義』を打ち立てる」。

大川紫央　はい。本日もありがとうございました。

大川隆法　「はい。ありがとうございました」。
はっきり来ていましたね。

大川紫央　はい。ありがとうございました。

大川隆法　R・A・ゴールは強いんだね。

地球の力ではどうにもならなくなったか。

あとがき

昨年十月の日本での消費税10％上げ（8％から）の際には、全く予想もしなかった事態が本年三月には進行している。中国、日本、韓国の崩壊か、はたまた、世界大恐慌か、という不安も心をよぎる。

日本では、観客なしの、野球、サッカー、大相撲などが中継または決定され、全国の学校の休校や、集会ごとの禁止などが次々と発令されている。まるで「3・11」後の菅《かん》政権の時のようである。中国にも、日本にも、韓国にも、「嘘とダマシ」の政治がまかり通っている。

「神罰《しんばつ》」は、まだまだ続くだろう。ただし、暗黒思想にとらわれる必要はない。

正しい信仰が根付いてない国に、浄化作用が起きているといってよい。
本来、人間の生命力はコロナウィルスよりも強靭《きょうじん》である。
たとえ、原因が中国武漢のウィルス研究所からの死神《しにがみ》の逃走であったとしても、
神仏を正しく信ずる者は、これに打ち克《か》つであろう。

二〇二〇年　三月三日

幸福《こうふく》の科学《かがく》グループ創始者兼総裁《そうししゃけんそうさい》　大川隆法《おおかわりゅうほう》

『守護霊霊言　習近平の弁明』関連書籍

『太陽の法』（大川隆法 著　幸福の科学出版刊）
『信仰の法』（同右）
『新しき繁栄の時代へ』（同右）
『現代の貧困をどう解決すべきか　トマ・ピケティの守護霊を直撃する』（同右）
『中国発・新型コロナウィルス感染 霊査』（同右）
『自由のために、戦うべきは今
　　――習近平 vs. アグネス・チョウ 守護霊霊言――』（同右）
『習近平守護霊　ウイグル弾圧を語る』（同右）
『未来創造の経済学――公開霊言　ハイエク・ケインズ・シュンペーター――』（同右）
『周恩来の予言』（同右）
『中国「秘密軍事基地」の遠隔透視』（同右）

守護霊霊言《しゅごれいれいげん》　習近平《しゅうきんぺい》の弁明《べんめい》
──中国発・新型コロナウィルス蔓延に
苦悩する指導者の本心──

2020年3月4日　初版第1刷
2020年6月12日　第4刷

著　者　大《おお》　川《かわ》　隆《りゅう》　法《ほう》

発行所　幸福の科学出版株式会社
〒107-0052 東京都港区赤坂2丁目10番8号
TEL(03)5573-7700
https://www.irhpress.co.jp/

印刷・製本　株式会社 研文社

落丁・乱丁本はおとりかえいたします

ISBN978-4-8233-0154-4 C0030
カバー，帯 提供：NIAID-RML/NATIONAL INSTITUTES OF HEALTH
/Science Photo Library/ アフロ／カバー Avalon/ 時事通信フォト
装丁・イラスト・写真（上記・パブリックドメインを除く）© 幸福の科学

大川隆法 ベストセラーズ・中国の覇権主義への警鐘

いま求められる世界正義

The Reason We Are Here
私たちがここにいる理由

英語説法
英日対訳

カナダ・トロントで2019年10月6日（現地時間）に行われた英語講演を収録。香港デモや中国民主化、地球温暖化、LGBT等、日本と世界の進むべき方向を語る。

1,500円

中国発・
新型コロナウィルス感染 霊査

中国から世界に感染が拡大する新型ウィルスの真相に迫る！ その発生源や〝対抗ワクチン〟とは何かなど、宇宙からの警告とその背景にある天意を読み解く。

1,400円

自由のために、戦うべきは今

習近平 vs. アグネス・チョウ
守護霊霊言

今、民主化デモを超えた「香港革命」が起きている。アグネス・チョウ氏と習近平氏の守護霊霊言から、「神の正義」を読む。天草四郎の霊言等も同時収録。

1,400円

習近平の娘・習明沢の
守護霊霊言

「14億人監視社会」
陰のリーダーの〝本心〟を探る

2030年から35年に米国を超え、世界制覇の野望を抱く中国。「監視社会」を陰で操る、習近平氏の娘・習明沢氏の恐るべき計画とは。毛沢東の後継者・華国鋒の霊言も収録。

1,400円

※表示価格は本体価格（税別）です。

大川隆法 霊言シリーズ・中国の闇の根底にあるもの

習近平守護霊 ウイグル弾圧を語る

ウイグル〝強制収容所〞の実態、チャイナ・マネーによる世界支配戦略、宇宙進出の野望──。暴走する独裁国家の狙いを読み、人権と信仰を護るための道を示す。

1,400円

守護霊インタビュー 習近平 世界支配へのシナリオ

米朝会談に隠された中国の狙い

米朝首脳会談に隠された中国の狙いとは？ 米中貿易戦争のゆくえとは？ 覇権主義を加速する中国国家主席・習近平氏の驚くべき本心に迫る。

1,400円

周恩来の予言

新中華帝国の隠れたる神

北朝鮮のミサイル問題の背後には、中国の思惑があった！ 現代中国を霊界から指導する周恩来が語った、戦慄の世界覇権戦略とは!?

1,400円

中国 虚像の大国

商鞅・韓非・毛沢東・林彪の霊言

世界支配を目論む習近平氏が利用する「法家思想」と「毛沢東の権威」。その功罪と正体を明らかにし、闇に覆われた中国共産主義の悪を打ち破る一書。

1,400円

幸福の科学出版

大川隆法 霊言シリーズ・共産主義の本質に迫る

毛沢東の霊言

中国覇権主義、暗黒の原点を探る

言論統制、覇権拡大、人民虐殺――、中国共産主義の根幹に隠された恐るべき真実とは。中国建国の父・毛沢東の虚像を打ち砕く必読の一書。

1,400 円

マルクス・毛沢東のスピリチュアル・メッセージ

衝撃の真実

共産主義の創唱者マルクスと中国の指導者・毛沢東。思想界の巨人としても世界に影響を与えた、彼らの死後の真価を問う。

1,500 円

現代の貧困をどう解決すべきか トマ・ピケティの守護霊を直撃する

ピケティ理論は、現代に甦ったマルクスの「資本論」だった!? 世界的ベストセラー『21世紀の資本』に潜む真の意図と霊的背景が明らかに。

1,400 円

アダム・スミス霊言による「新・国富論」

同時収録　鄧小平の霊言
改革開放の真実

国家の経済的発展を導いた、英国の経済学者と中国の政治家。霊界における境遇の明暗が、真の豊かさとは何かを克明に示す。

1,300 円

※表示価格は本体価格(税別)です。

仏陀は奇跡をどう考えるか

今こそ、「仏教の原点」に立ち戻り、真実の仏陀の力を悟るべき時である――。2500年の時を経て、仏伝に遺る「悟りの功徳」や「威神力」の真実が明かされる。

1,400円

コロナ不況下のサバイバル術

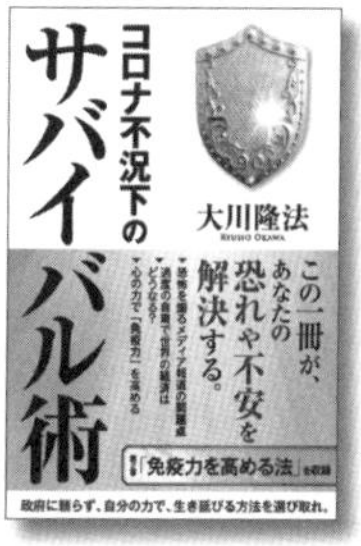

恐怖ばかりを煽るメディア報道の危険性や問題点、今後の経済の見通し、心身両面から免疫力を高める方法など、コロナ危機を生き延びる武器となる一冊。

1,500円

観自在力

大宇宙の時空間を超えて

釈尊を超える人類史上最高の「悟り」と「霊能力」を解き明かした比類なき書を新装復刻。宗教と科学の壁を超越し、宇宙時代を拓く鍵が、ここにある。

1,700円

世界に羽ばたく大鷲を目指して

日本と世界のリーダーを育てる教育

教育こそが、本当の未来事業である――。創立以来、数々の実績をあげ続けている幸福の科学学園の「全人格的教育」の秘密がここに！ 生徒との質疑応答も収録。

1,500円

著者・大川隆法の**魅力に迫る**

1,400円

娘から見た大川隆法

大川咲也加 著

娘が語る
大川隆法の自助努力の姿

- ◆読書をしている父の姿
- ◆一日の生活スタイル
- ◆教育方針
- ◆大川家の家訓
- ◆世界のために命を懸ける「不惜身命」の姿
- ◆大病からの復活
- ◆「霊言」の真実

幼いころの思い出、家族思いの父としての顔など、実の娘が28年間のエピソードと共に綴る、大川総裁の素顔。

自助努力の精神を受け継ぐ幸福の科学の後継者

幸福の科学の後継者像について

大川隆法・大川咲也加 共著

霊能力と仕事能力、人材の見極め方、公私の考え方、家族と信仰──。全世界に広がる教団の後継者に求められる「人格」と「能力」について語り合う。

1,500円

モナコ国際映画祭2020
最優秀作品賞
（エンジェル・トロフィー賞）
モナコ国際映画祭2020
最優秀VFX賞
最優秀長編物語賞
最優秀主演女優賞
最優秀助演女優賞
最優秀原作賞
最優秀長編作品賞
ヒューストン
国際映画祭2020
長編ファンタジー・ホラー部門
ゴールド賞
最優秀作品賞
最優秀助演女優賞
最優秀長編作品賞
最優秀オリジナルソング賞
最優秀脚本賞
最優秀ポスター賞
心の闇を、打ち破る。
心霊喫茶
「エクストラ」の秘密
—THE REAL EXORCIST—
製作総指揮・原作／大川隆法
千眼美子
伊良子未來 希島凜 日向丈 長谷川奈央 大浦龍宇一 芦川よしみ 折井あゆみ
監督／小田正鏡 脚本／大川咲也加 音楽／水澤有一 製作／幸福の科学出版 製作協力／ARI Production ニュースター・プロダクション
制作プロダクション／ジャンゴフィルム 配給／日活 配給協力／東京テアトル ©2020 IRH Press cafe-extra.jp
大ヒット上映中

1991年7月15日、東京ドーム。
人類史を変える「歴史的瞬間」が誕生した。
――これは、映画を超えた真実。
夜明けを信じて。
2020年秋 ROADSHOW
製作総指揮・原作 大川隆法
田中宏明 千眼美子 長谷川奈央 芦川よしみ 石橋保
監督／赤羽博 音楽／水澤有一 脚本／大川咲也加 製作／幸福の科学出版 製作協力／ARI Production ニュースター・プロダクション
制作プロダクション／ジャンゴフィルム 配給／日活 配給協力／東京テアトル ©2020 IRH Press

幸福の科学グループのご案内

宗教、教育、政治、出版などの活動を通じて、地球的ユートピアの実現を目指しています。

幸福の科学

一九八六年に立宗。信仰の対象は、地球系霊団の最高大霊、主エル・カンターレ。世界百カ国以上の国々に信者を持ち、全人類救済という尊い使命のもと、信者は、「愛」と「悟り」と「ユートピア建設」の教えの実践、伝道に励んでいます。

（二〇二〇年六月現在）

愛

幸福の科学の「愛」とは、与える愛です。これは、仏教の慈悲《じひ》や布施《ふせ》の精神と同じことです。信者は、仏法真理をお伝えすることを通して、多くの方に幸福な人生を送っていただくための活動に励んでいます。

悟り

「悟り」とは、自らが仏の子であることを知るということです。教学《きょうがく》や精神統一によって心を磨き、智慧《ちえ》を得て悩みを解決すると共に、天使・菩薩《ぼさつ》の境地を目指し、より多くの人を救える力を身につけていきます。

ユートピア建設

私たち人間は、地上に理想世界を建設するという尊い使命を持って生まれてきています。社会の悪を押しとどめ、善を推し進めるために、信者はさまざまな活動に積極的に参加しています。

国内外の世界で貧困や災害、心の病で苦しんでいる人々に対しては、現地メンバーや支援団体と連携して、物心両面にわたり、あらゆる手段で手を差し伸べています。

年間約２万人の自殺者を減らすため、全国各地で街頭キャンペーンを展開しています。

公式サイト **www.withyou-hs.net**

ヘレン・ケラーを理想として活動する、ハンディキャップを持つ方とボランティアの会です。視聴覚障害者、肢体不自由な方々に仏法真理を学んでいただくための、さまざまなサポートをしています。

公式サイト **www.helen-hs.net**

入会のご案内

幸福の科学では、大川隆法総裁が説く仏法真理《ぶっぽうしんり》をもとに、「どうすれば幸福になれるのか、また、他の人を幸福にできるのか」を学び、実践しています。

入会

仏法真理を学んでみたい方へ

大川隆法総裁の教えを信じ、学ぼうとする方なら、どなたでも入会できます。入会された方には、『入会版「正心法語《しょうしんほうご》」』が授与されます。

ネット入会　入会ご希望の方はネットからも入会できます。

happy-science.jp/joinus

三帰《さんき》誓願《せいがん》

信仰をさらに深めたい方へ

仏弟子としてさらに信仰を深めたい方は、仏《ぶっ》・法《ぽう》・僧《そう》の三宝《さんぽう》への帰依を誓う「三帰誓願式」を受けることができます。三帰誓願者には、『仏説・正心法語』『祈願文《きがんもん》①』『祈願文②』『エル・カンターレへの祈り』が授与されます。

幸福の科学 サービスセンター
TEL 03-5793-1727
（受付時間／火～金：10～20時　土・日祝：10～18時（月曜を除く））

幸福の科学 公式サイト
happy-science.jp

ハッピー・サイエンス・ユニバーシティ

Happy Science University

ハッピー・サイエンス・ユニバーシティとは

ハッピー・サイエンス・ユニバーシティ（HSU）は、大川隆法総裁が設立された「現代の松下村塾」であり、「日本発の本格私学」です。建学の精神として「幸福の探究と新文明の創造」を掲げ、チャレンジ精神にあふれ、新時代を切り拓く人材の輩出を目指します。

人間幸福学部　経営成功学部　未来産業学部

HSU長生キャンパス TEL **0475-32-7770**

〒299-4325　千葉県長生郡長生村一松丙 4427-1

未来創造学部

HSU未来創造・東京キャンパス

TEL **03-3699-7707**

〒136-0076　東京都江東区南砂2-6-5　公式サイト **happy-science.university**

学校法人 幸福の科学学園

学校法人 幸福の科学学園は、幸福の科学の教育理念のもとにつくられた教育機関です。人間にとって最も大切な宗教教育の導入を通じて精神性を高めながら、ユートピア建設に貢献する人材輩出を目指しています。

幸福の科学学園

中学校・高等学校（那須本校）

2010年4月開校・栃木県那須郡（男女共学・全寮制）

TEL **0287-75-7777** 公式サイト **happy-science.ac.jp**

関西中学校・高等学校（関西校）

2013年4月開校・滋賀県大津市（男女共学・寮及び通学）

TEL **077-573-7774** 公式サイト **kansai.happy-science.ac.jp**

仏法真理塾「サクセスNo.1」

全国に本校・拠点・支部校を展開する、幸福の科学による信仰教育の機関です。小学生・中学生・高校生を対象に、信仰教育・徳育にウエイトを置きつつ、将来、社会人として活躍するための学力養成にも力を注いでいます。

TEL 03-5750-0751（東京本校）

エンゼルプランV　TEL 03-5750-0757

幼少時からの心の教育を大切にして、信仰をベースにした幼児教育を行っています。

不登校児支援スクール「ネバー・マインド」　TEL 03-5750-1741

心の面からのアプローチを重視して、不登校の子供たちを支援しています。

ユー・アー・エンゼル！（あなたは天使！）運動

一般社団法人 ユー・アー・エンゼル　TEL 03-6426-7797

障害児の不安や悩みに取り組み、ご両親を励まし、勇気づける、障害児支援のボランティア運動を展開しています。

NPO活動支援

いじめから子供を守ろうネットワーク

学校からのいじめ追放を目指し、さまざまな社会提言をしています。また、各地でのシンポジウムや学校への啓発ポスター掲示等に取り組む一般財団法人「いじめから子供を守ろうネットワーク」を支援しています。

公式サイト mamoro.org　ブログ blog.mamoro.org

相談窓口 TEL.03-5544-8989

百歳まで生きる会

「百歳まで生きる会」は、生涯現役人生を掲げ、友達づくり、生きがいづくりをめざしている幸福の科学のシニア信者の集まりです。

シニア・プラン21

生涯反省で人生を再生・新生し、希望に満ちた生涯現役人生を生きる仏法真理道場です。定期的に開催される研修には、年齢を問わず、多くの方が参加しています。

全世界212カ所（国内197カ所、海外15カ所）で開校中。

【東京校】TEL 03-6384-0778　FAX 03-6384-0779

メール senior-plan@kofuku-no-kagaku.or.jp

幸福実現党

内憂外患《ないゆうがいかん》の国難に立ち向かうべく、2009年5月に幸福実現党を立党しました。創立者である大川隆法党総裁の精神的指導のもと、宗教だけでは解決できない問題に取り組み、幸福を具体化するための力になっています。

幸福実現党 釈量子サイト **shaku-ryoko.net**
Twitter **釈量子@shakuryoko**で検索

党の機関紙
「幸福実現党NEWS」

幸福実現党　党員募集中

あなたも幸福を実現する政治に参画しませんか。

○幸福実現党の理念と綱領、政策に賛同する18歳以上の方なら、どなたでも参加いただけます。
○党費：正党員（年額5千円［学生 年額2千円］）、特別党員（年額10万円以上）、家族党員（年額2千円）
○党員資格は党費を入金された日から1年間です。
○正党員、特別党員の皆様には機関紙「幸福実現党NEWS（党員版）」（不定期発行）が送付されます。

＊申込書は、下記、幸福実現党公式サイトでダウンロードできます。
住所：〒107-0052　東京都港区赤坂2-10-8 6階 幸福実現党本部
TEL **03-6441-0754**　FAX **03-6441-0764**
公式サイト **hr-party.jp**

出版 メディア 芸能文化　幸福の科学グループ

幸福の科学出版

大川隆法総裁の仏法真理の書を中心に、ビジネス、自己啓発、小説など、さまざまなジャンルの書籍・雑誌を出版しています。他にも、映画事業、文学・学術発展のための振興事業、テレビ・ラジオ番組の提供など、幸福の科学文化を広げる事業を行っています。

アー・ユー・ハッピー?
are-you-happy.com

ザ・リバティ
the-liberty.com

幸福の科学出版
TEL **03-5573-7700**
公式サイト **irhpress.co.jp**

THE FACT

ザ・ファクト
マスコミが報道しない「事実」を世界に伝えるネット・オピニオン番組

ザ・ファクト　検索

NEW STAR PRODUCTION

ニュースター・プロダクション

「新時代の美」を創造する芸能プロダクションです。多くの方々に良き感化を与えられるような魅力あふれるタレントを世に送り出すべく、日々、活動しています。 公式サイト **newstarpro.co.jp**

ARI Production

ARI《アリ》 Production《プロダクション》

タレント一人ひとりの個性や魅力を引き出し、「新時代を創造するエンターテインメント」をコンセプトに、世の中に精神的価値のある作品を提供していく芸能プロダクションです。 公式サイト **aripro.co.jp**

大川隆法　講演会のご案内

大川隆法総裁の講演会が全国各地で開催されています。講演のなかでは、毎回、「世界教師」としての立場から、幸福な人生を生きるための心の教えをはじめ、世界各地で起きている宗教対立、紛争、国際政治や経済といった時事問題に対する指針など、日本と世界がさらなる繁栄の未来を実現するための道筋が示されています。

2019 年 12 月17 日 さいたまスーパーアリーナ「新しき繁栄の時代へ」

2019年10月6日 ザ ウェスティン ハーバーキャッスル トロント(カナダ)「The Reason We Are Here」

2019年7月5日 福岡国際センター「人生に自信を持て」

2019 年3月3日 グランド ハイアット 台北(台湾)「愛は憎しみを超えて」

2019 年7月13日 ホテル イースト 21 東京「幸福への論点」

講演会には、どなたでもご参加いただけます。
最新の講演会の開催情報はこちらへ。 ⟹

大川隆法総裁公式サイト
https://ryuho-okawa.org